Studenten Kochbuch

Einfach, schnell und preiswert

MIT PRAKTISCHEN
SPARTIPPS
FÜR ABGEBRANNTE

Felix Weber

Studenten
Kochbuch

Einfach, schnell und preiswert

MIT PRAKTISCHEN
SPARTIPPS
FÜR ABGEBRANNTE

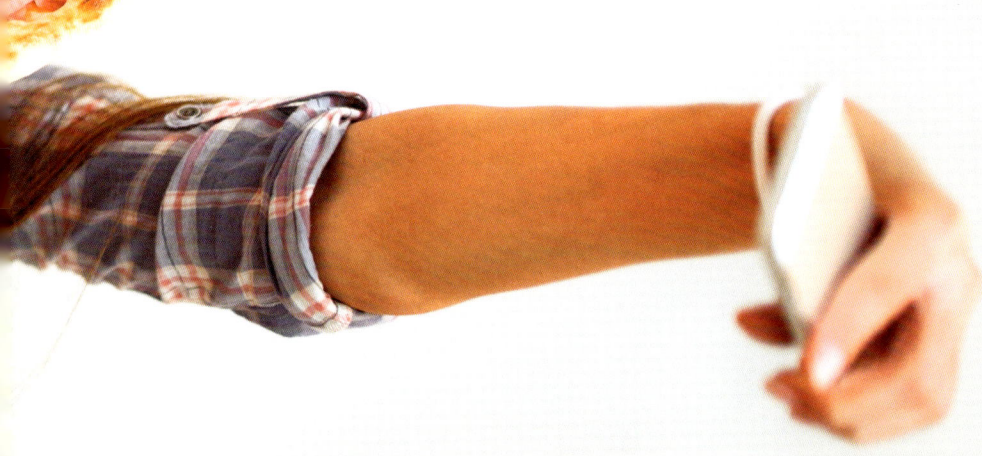

EDITION XXL

Inhaltsverzeichnis

Vorwort 5

Kochseminar 6

Power-Frühstück – fit für die Uni 10

Smoothies 12

Lunchpaket für die Uni 14

Für Suppenkasper 22

Jetzt haben wir den Salat! 26

Futtern wie bei Muttern 30

Alles Pasta, basta! 38

Für Vegetarier 42

Für Couch-Potatoes 46

Brainfood 48

Asiatisch 50

Pizza 52

Für Süßmäuler 54

Leckeres mit Schuss 60

Cocktails 64

Für schlechte Tage 66

Pimp it up! 68

Am Monatsende 72

Spartipps für Abgebrannte 78

Vorwort

Warum kochen so viele Studenten nicht gerne?

Fragt man sie, bekommt man Antworten wie: kein Geld, keine Zeit, keinen Bock. Also gibt's jeden Tag Dosenfutter, Mensa-Massenabfertigung, Fertigpizza oder Döner. Keine gute Idee, liebe Studis! Ihr solltet es besser wissen: Ohne ausgewogene Ernährung mit vielen frischen Lebensmitteln lässt es sich nicht gut studieren, weil die Power für die grauen Zellen fehlt.

Jetzt ist Schluss mit faulen Ausreden – jetzt wird selbst gekocht! Mit diesem Kochbuch kein Problem.

Leerer Geldbeutel? Arme Ritter oder Ofenkartoffeln beweisen, dass leckeres Essen nicht teuer sein muss.

Mega-Stresstag zwischen Vorlesung, Jobben, Sport und Chillen mit Freunden? Toast Hawaii oder Pfannkuchen sind ratzfatz auf dem Tisch.

Null Bock auf komplizierte Rezepte, für die man eine Menge Kocherfahrung und eine gut bestückte Küche braucht? Strammer Max oder Reibekuchen kriegt jeder hin.

Die Zeit der Ausreden ist vorbei, liebe Studenten – die Studi-Küche ist eröffnet!

Euer
Felix Weber

Der Grundvorrat – allzeit bereit!

Ein gut gefüllter Vorratsschrank ist das A und O, wenn es um das Sparen von Zeit und Geld geht. Zeit, weil man nicht jeden Tag in den Supermarkt gehen muss – Geld, weil man dann auch mal auf Sonderangebote zurückgreifen kann. Toller Nebeneffekt einer gut gefüllten Vorratskammer: Man hat immer etwas zu Hause, um auch mal ohne große Planung ein Essen auf den Tisch zu bringen, z. B. wenn Freunde überraschend in die Bude einfallen oder die Eltern plötzlich vor der Tür stehen. Natürlich hat nicht jeder Student einen Gefrierschrank und große Vorratsschränke: Die Empfehlungen sind nur ein Anhaltspunkt und können individuell abgewandelt werden.

Das solltet ihr immer zu Hause haben:

Getreide & Getreideprodukte
- 500 g kurze Nudeln, z. B. Penne oder Farfalle
- 500 g lange Nudeln, z. B. Spaghetti oder Bandnudeln
- 500 g Reis
- 1 Packung Toastbrot
- 1 kg Mehl
- 500 g Weichweizengrieß

Obst, Gemüse & Hülsenfrüchte
- 4–5 Äpfel
- 1 Dose Ananasscheiben
- 1 Dose gehackte Tomaten
- 1 Glas Gewürzgurken
- 250 g Zwiebeln
- 500 g Kartoffeln
- 1 Knoblauchknolle
- je 1 Dose Mais und Kidneybohnen
- 1 Dose Sauerkraut

Milch & Milchprodukte
- 1 l Milch
- 1 Becher Naturjoghurt
- 1 Becher Quark
- 1 Becher süße Sahne
- 200 g Käse
- 1 Beutel geriebener Parmesan
- 250 g Butter oder Margarine

Wurst, Fisch & Eier
- 200 g Schinken oder Salami
- 1 Glas Würstchen
- 1 Dose Thunfisch
- 6 Eier

Gewürze
- Salz
- Pfeffer
- 1 kg Zucker
- Zimt
- Currypulver
- Paprikapulver
- Muskatnuss, gemahlen
- Lorbeerblätter
- 1 Glas Instant-Brühe
- Zitronensaft

Sonstiges
- 1 Flasche hoch erhitzbares Öl zum Braten
- 1 Flasche kaltgepresstes Öl
- 1 Flasche Essig
- 1–2 Beutelsuppen
- 1–2 Beutelsoßen
- Tomatenmark und Ketchup

- 1 Tube Senf
- 1 Päckchen Trockenhefe
- 1 kleines Päckchen Rosinen
- 1 Packung Puderzucker
- 1 Packung Vanillezucker
- 1 Päckchen Kaffee und/oder Tee
- verschiedene Getränke

Tipps für die Vorratshaltung

Kartoffeln:

Was ist der Unterschied zwischen festkochenden und mehligkochenden Kartoffeln? Ganz einfach: Die mehligkochenden zerfallen nach dem Kochen ganz schnell und eignen sich deshalb für Püree oder Klöße. Festkochende Kartoffeln hingegen bleiben – wie der Name schon sagt – auch nach dem Kochen noch relativ fest. Deshalb sollten sie bei allen Gerichten zum Einsatz kommen, bei denen die Kartoffeln nicht zerfallen dürfen, also z. B. bei Kartoffelsalat oder Salzkartoffeln. Eine Art Universalkartoffeln sind vorwiegend festkochende Kartoffeln. Sie eignen sich sehr gut für Pellkartoffeln, Pommes, Eintöpfe und vieles mehr.

Ihr solltet nicht zu viele Kartoffeln kaufen, weil sie schnell keimen und Kartoffeln mit zu vielen Keimen gesundheitsschädlich sein können! Das Keimen lässt sich aber verhindern, wenn die Kartoffeln richtig gelagert werden: dunkel, luftig und bei ca. 4–8 °C (nicht im Kühlschrank).

Tiefkühlkost:

Wenn ihr in der WG oder im Studentenwohnheim über einen Gefrierschrank verfügt, solltet ihr ihn nutzen, um folgende Lebensmittel vorrätig zu haben:

- 1 Päckchen TK-Gemüse, wie z. B. Erbsen oder Spinat
- 1 Packung Blätter- und / oder Pizzateig
- 1 Packung Fischfilet
- 1 Packung Minutensteaks oder Hähnchenfilet
- 1 Päckchen Beerenmix
- verschiedene Kräuter, wie Petersilie, Schnittlauch oder Dill

Vorsicht beim Auftauen von Geflügel: Immer auf einem Rost oder Gitter auftauen lassen und eine Schüssel darunterstellen, damit das Auftauwasser aufgefangen wird. Liegt das Geflügel im Wasser, besteht Salmonellengefahr!

Brot:

In Scheiben geschnittenes Brot und Toastbrot lassen sich super einfrieren. So kann man die Scheiben einzeln aus dem Gefrierfach nehmen und hat immer frischen Toast zur Hand.

Obst und Gemüse:

Frisches Obst, Gemüse und Salat kommen bei der Vorratshaltung natürlich viel zu kurz, weil sich außer Äpfeln, Zwiebeln, Knoblauch und Kartoffeln kaum etwas über längere Zeit lagern lässt. Deshalb immer darauf achten, zusätzlich regelmäßig frische Obst- und Gemüsesorten einzukaufen und in den Speiseplan einzubauen. Das sind unverzichtbare Vitaminbomben, auf die Körper und Hirn nicht verzichten können!

Reste:

Wenn mal etwas vom Essen übrigbleibt, solltet ihr es im Kühlschrank aufbewahren. Gekochte oder gebratene Lebensmittel halten sich mindestens bis zum nächsten Tag, wenn man sie möglichst luftdicht mit Frischhaltefolie abdeckt. Wer über eine Mikrowelle verfügt, kann das Gefäß mit Folie, die für Mikrowelle geeignet ist, abdecken und dann für 2 Minuten hineinstellen: Die Folie dehnt sich aus und legt sich dicht über das Essen. Anschließend in den Kühlschrank stellen.

Auf Vorrat kochen:

Viel Zeit und Energie könnt ihr sparen, wenn ihr bei Kartoffeln, Reis und Nudeln gleich die doppelte Menge kocht. Gibt es z. B. Pellkartoffeln, so könnt ihr am nächsten Tag aus den restlichen Kartoffeln ruckzuck leckere Bratkartoffeln zaubern. Reis lässt sich prima anbraten und mit klein geschnittenem Gemüse oder Eiern vermischen. Und die restlichen Nudeln sind die perfekte Grundlage für einen tollen Auflauf: mit ein paar Erbsen, gewürfeltem Schinken und etwas Sahne mischen, Käse drüberstreuen und ab in den Backofen!

Kochseminar – Lektion 2

Handwerkszeug für die Studi-Küche

Knapp bei Kasse und kein Platz in der Küche? Kein Problem! Für den Anfang reicht eine kleine Grundausstattung locker aus. Kühlschrank und irgendeine Art von Herd – egal ob tragbare Kochplatte oder ein voll ausgestattetes Gerät – sind natürlich Grundvoraussetzung. Aber daneben braucht man eigentlich nur noch einige wenige Küchenhelfer.

Die absoluten Basics – ohne diese Küchenhelfer geht gar nichts!

- großer Kochtopf mit Deckel
- kleiner Kochtopf mit Deckel
- große Pfanne mit Deckel (am besten mit Antihaft-Beschichtung und hohem Rand)
- kleines Küchenmesser
- großes Küchenmesser
- Auflaufform
- große Rühr- oder Glasschüssel
- großes Nudelsieb
- feines Sieb
- Messbecher
- Küchenreibe
- Küchenwaage
- Pürierstab oder Mixer
- Handrührgerät
- Kochlöffel
- Pfannenwender
- Schneebesen
- Korkenzieher
- Dosenöffner
- Schere

Wenn es etwas mehr sein darf …

Wer nicht mehr zu den Kochanfängern gehört und Mutti oder die hübsche Kommilitonin bzw. den muskulösen Kommilitonen aus der Vorlesung mit einem 3-Gänge-Menü beeindrucken möchte, braucht schon etwas mehr Handwerkszeug. Kein Muss, aber gut, wenn man es hat:

- Brot- und Fleischmesser
- Schneidebrett
- Sparschäler
- Knoblauchpresse
- Schaumlöffel
- Schöpfkelle
- Kartoffelstampfer
- Salatbesteck
- Nudelzange
- Nudelholz
- Zitronenpresse
- luftdichte Vorratsbehälter (am besten gefriergeeignet)

Luftdichte Vorratsbehälter:

Einmal geöffnet, sollte man trockene Lebensmittel wie Mehl, Zucker, Kaffee, Müsli usw. in luftdichten Vorratsbehältern aufbewahren, damit sich kein Ungeziefer darüber hermacht. Mit Behältern, die zum Einfrieren geeignet sind, kann man auf Vorrat kochen oder übrig gebliebene Reste einfach ins Tiefkühlfach schieben und hat immer etwas da, was sich ganz schnell auftauen lässt.

Der Mengenbedarf für 1 Person

Mit diesen Angaben lässt sich der Mengenbedarf ganz einfach auf jede beliebige Personenanzahl hochrechnen. Aber Achtung: Das sind nur Richtwerte, denn z. B. Kinder und ältere Menschen essen viel weniger als die übliche Portionsgröße. Deshalb immer auch berücksichtigen, wer zum Essen kommt.

Pro Mahlzeit rechnet man …	
Fleisch zum Braten oder Kotelett mit Knochen	250 g
Fleisch zum Braten oder Kotelett ohne Knochen	200 g
Steak (Rind) oder Fischfilet	200 g
Schnitzel	180 g
Gemüse als Beilage	150–200 g
Kartoffeln als Beilage	200 g
Reis als Beilage	30–40 g
Nudeln als Beilage	100–150 g
Reis als Hauptspeise	50–60 g
Nudeln als Hauptspeise	200–250 g
Suppe als Vorspeise	¼ l
Suppe als Hauptspeise	½ l
Soße	⅛ l

Maßangaben und ihre Abkürzungen

Gut zu wissen, was die Abkürzungen bedeuten, die man in jedem Kochbuch findet. Hier sind die häufigsten:		
kg	Kilogramm	1 kg = 1000 g
g	Gramm	1000 g = 1 kg
l	Liter	1 l = 1000 ml = 1 kg = 1000 g
ml	Milliliter	1 ml = 1 g
cl	Zentiliter	1 cl = 10 ml
EL	Esslöffel	1 EL = 1 gestr. EL = 15 ml = 15 g
TL	Teelöffel	1 TL = 1 gestr. TL = 5 ml = 5 g
1 Tasse		ca. ⅛ l = 125 ml = 125 g
1 Becher		ca. 0,2–0,25 l = 200–250 ml = 200–250 g
Msp.	Messerspitze	die Menge, die auf die Spitze eines Küchenmessers passt
Pr.	Prise	die Menge, die zwischen Daumen, Zeige- und Mittelfinger passt
Bd.	Bund	
St.	Stück	
Pck.	Packung	
Pk.	Päckchen	
gestr.	gestrichen	
geh.	gehäuft	

Guten-Morgen-
Müsli

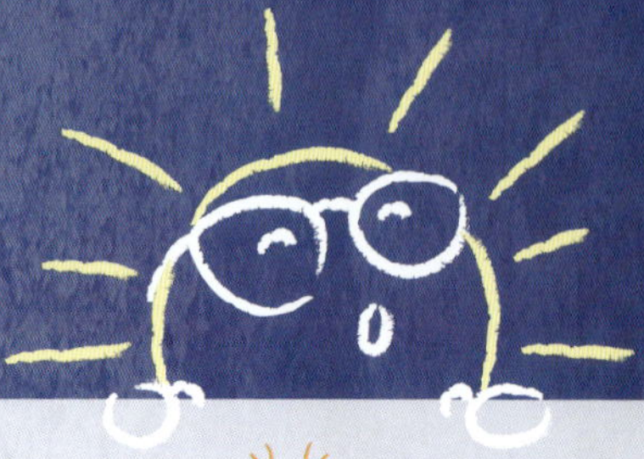

Dazu passen noch
drei Sonnengrüße!

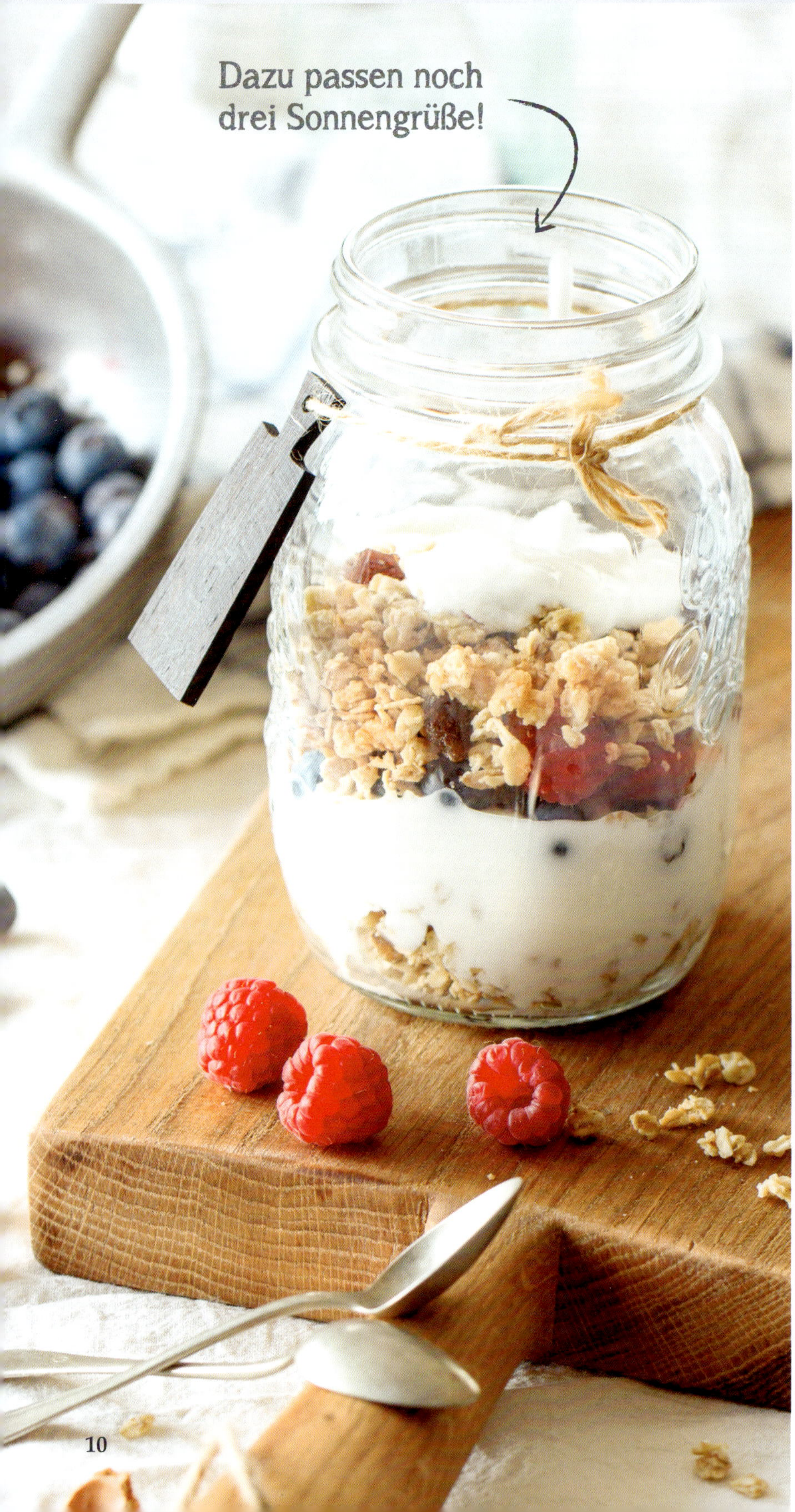

Zutaten:

75 g Himbeeren
75 g Heidelbeeren
125 g Magerquark
75 g saure Sahne
25 ml Milch
1 EL Honig
2 EL Rosinen
60 g Knusper-Müsli

Zubereitung:

1. Die Himbeeren und die Heidelbeeren verlesen und waschen.
   Den Quark mit der sauren Sahne,
   der Milch und 1 Esslöffel Honig
   verrühren.

2. Die Rosinen mit dem Müsli vermischen. Die Beeren, die Quarkcreme und das Rosinen-Müsli
   schichtweise in Gläser füllen und
   mit der Quarkcreme abschließen.

Trink
mich!

Power-Müsli

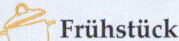 Frühstück   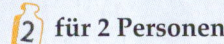 für 2 Personen   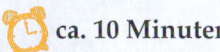 ca. 10 Minuten    486 kcal/Portion   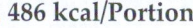 schnell

Auf die Dauer hilft nur Power!

Zutaten:

100 g Knuspermüsli
150 g Heidelbeeren
1 Banane
300 ml Vollmilch-Joghurt

Zubereitung:

1. Die Heidelbeeren verlesen und waschen. Die Banane schälen und in Scheiben schneiden.

2. Das Obst und das Knuspermüsli in zwei Schalen geben und mit dem Joghurt vermischen.

>> Abwechslung pur!

Müsli lässt sich mit allen Früchten, ob getrocknet oder frisch, aufpeppen: Cranberrys, Erdbeeren, Mangos, Trauben, Ananas usw. Erlaubt ist, was schmeckt, denn Früchte sind immer ein wertvoller Vitaminschub für die grauen Zellen.

Auch bei den Getreideflocken gibt's eine Riesenauswahl: Ob aus Buchweizen, Dinkel, Reis, Soja, Hirse, Amaranth – alle Flockenarten geben Turbo-Power und sind die perfekte Basis für Müslis.

Und wie wär's mal mit Lein- oder Sesamsamen, Kokosraspeln, Cashew- oder Pinienkernen, Wal-, Hasel- oder Erdnüssen? Sie alle haben wichtige Nährstoffe und geben jedem Müsli den „richtigen Biss".

Smoothie-Varianten

Melonen-Smoothie

Zutaten:
für 4 Personen I 146 kcal/Portion

400 g entkernte Wassermelone
1 Pfirsich
50 ml Bitterlikör
einige Tropfen Limettensaft
400 ml Limonade

1. Mit einem Ausstecher aus der Melone Stern-
   formen ausstechen. Die restliche Wassermelone
   und den Pfirsich in Stücke schneiden und mit
   den anderen Zutaten mixen.

2. Den Smoothie in Gläser füllen und die ausge-
   stochenen Melonen-Formen auf die Glasränder
   setzen.

ÜBRIGENS
Eine zusätzliche Scheibe Zitrone oder Orange
erhöht den Vitamingehalt des Smoothies und
gibt dem Ganzen eine frische Note.

Kiwi-Melonen-Smoothie

Zutaten:
für 3 Personen I 162 kcal/Portion

4 Kiwis
400 g Zuckermelone
200 ml Orangensaft
Saft einer halben Zitrone
1 EL Honig

1. Die Kiwis schälen und in Stücke schneiden. Die
   Zuckermelone schälen, entkernen, in Würfel
   schneiden und beides in den Mixer geben.

2. Die restlichen Zutaten hinzugeben, mixen und
   in Gläser füllen.

Heidelbeer-Smoothie

Zutaten:
für 2 Personen I 188 kcal/Portion

1 Banane
200 g Heidelbeeren
200 ml Sojamilch oder Fruchtsaft

1. Die Banane schälen und in Scheiben schneiden. Die Heidelbeeren verlesen und waschen.

2. Beides in den Mixer geben, mit der Sojamilch aufgießen, mixen und in Gläser füllen.

Mit Mango fit wie Django!

Mango-Joghurt-Smoothie

Zutaten:
für 2 Personen I 242 kcal/Portion

1 Mango
100 ml Milch
200 ml griechischer Joghurt
2 EL Kokosraspel
1 TL Honig
Minzeblättchen

1. Die Mango schälen, in Würfel schneiden und in den Mixer geben.

2. Die Milch, den Joghurt, die Kokosraspel und den Honig dazugeben, mixen und mit den Minzeblättchen dekorieren.

 ÜBRIGENS

Erdnussbutter, Mandelmilch und Kokosmilch machen jeden Smoothie sahnig. Zerstoßene Körner geben dem Smoothie noch mehr Gehalt.

Mortadella-Stangen

Zutaten:
für 2 Stück I 368 kcal/Stück

20 g Margarine
1 TL Senf
1 Prise Zucker
2 Laugenstangen mit Körnern
½ Kohlrabi
4 Scheiben Mortadella

1. Die Margarine mit dem Senf verrühren und mit Zucker abschmecken. Die Körnerstangen halbieren und mit der Senf-Margarine bestreichen.

2. Den Kohlrabi putzen, schälen und in dünne Scheiben schneiden. Die Kohlrabischeiben auf die unteren Hälften legen. Die Mortadella darauf schichten und mit den oberen Laugenstangenhälften bedecken.

Puten-Brötchen

Zutaten:
für 1 Stück I 395 kcal/Stück

1 Stück Salatgurke
10 g Margarine
1 EL Tomatenmark
1 Vollkorn-Sesambrötchen
50 g geräucherte Putenbrust
Chilipulver

1. Die Salatgurke heiß abwaschen, halbieren, entkernen und in dünne Scheiben schneiden. Die Margarine mit dem Tomatenmark verrühren und auf beide Brötchenhälften streichen.

2. Eine Brötchenhälfte mit der Putenbrust belegen, mit den Gurkenscheiben garnieren, leicht mit Chilipulver bestäuben und die zweite Brötchenhälfte darauflegen.

 ÜBRIGENS

Statt dem Margarine-Tomatenmark-Aufstrich könnt ihr das Brötchen auch mit Pesto bestreichen. Das verleiht ihm einen italienischen Touch und schmeckt sehr lecker.

Mortadella gibt's auch mit Pistazien – mmh!

Schinken-Brötchen

Zutaten:
für 2 Stück I 431 kcal/Stück

2 Vollkornbrötchen
20 g Margarine
4 kleine Gewürzgurken
8 schwarze Oliven
2 Salatblätter
100 g geräucherter Rinderschinken

1. Die Brötchen aufschneiden und mit der Margarine bestreichen. Die Gewürzgurken und die Oliven in Scheiben schneiden. Die Salatblätter waschen und trocken schütteln.

2. Die Brötchen mit jeweils 1 Salatblatt, Schinken, Gurken- und Olivenscheiben belegen.

ÜBRIGENS

Für das Schinken-Brötchen könnt ihr auch jede andere Schinkensorte verwenden. Frischer wird das Ganze, wenn ihr die Gewürzgurken durch frische Gurken ersetzt.

Kiwis nennt man auch Chinesische Stachelbeeren.

Kiwi-Apfel-Brötchen

Zutaten:
für 2 Stück I 345 kcal/Stück

½ Kiwi
¼ Apfel
1 Roggenbrötchen
10 g Margarine
1 EL Erdbeerkonfitüre
1 TL Zitronenmelisse

1. Die Kiwi schälen und würfeln, den Apfel waschen, trocken reiben, vierteln, das Kerngehäuse herausschneiden und würfeln. Die Kiwi- und Apfelwürfel vermischen.

2. Das Brötchen waagerecht aufschneiden und beide Hälften mit der Margarine und der Erdbeerkonfitüre bestreichen. Die Obstwürfel auf den Brötchenunterteilen verteilen. Mit der Zitronenmelisse bestreuen und mit den Brötchenoberteilen belegen.

Salami-Käse-Bagel

Zutaten:

für 1 Stück I 361 kcal/Stück

¼ rote Paprikaschote
1 Blatt Eisbergsalat
1 kleine rote Zwiebel
20 g Margarine
1 TL gehackte Petersilie
1 Bagel
20 g Geflügelsalami
20 g Gouda
Paprikapulver

1. Die Paprika waschen, putzen und in dünne Streifen schneiden, den Eisbergsalat waschen und trocken tupfen. Die Zwiebel schälen und 6 sehr dünne Scheiben abschneiden. Die Margarine mit der Petersilie verrühren.

2. Den Bagel in der Mitte durchschneiden und beide Hälften mit der Margarine bestreichen. Auf die untere Hälfte Eisbergsalat legen. Darauf nacheinander Salamischeiben, Zwiebelringe und Gouda geben. Die Paprikastreifen auf den Gouda legen und mit dem Paprikapulver bestreuen. Die obere Hälfte darauflegen.

Brezel geht immer!

Mango-Brezel

Zutaten:

für 1 Stück I 368 kcal/Stück

1 Laugenbrezel
5 g Margarine
1 TL Sonnenblumenkerne
30 g Brie
3 Mangospalten

1. Die Sonnenblumenkerne rösten, beiseitestellen und abkühlen lassen. Den Brie quer in feine Streifen schneiden und die Mangospalten ebenfalls fein schneiden. Die Mango, den Brie und die Sonnenblumenkerne vermischen.

2. Die Brezel halbieren und mit der Margarine bestreichen. Die Mango-Brie-Mischung auf der unteren Brezelhälfte verteilen und mit der oberen Brezelhälfte abdecken.

Roastbeef-Sandwich

Zutaten:
für 4 Stück I 514 kcal/Stück

50 g Margarine
1 TL Currypulver
4 Scheiben Sandwichtoast
2 Salatblätter
75 g Roastbeef
8 Scheiben Salatgurke
Salz, Pfeffer

1. Die Margarine und das Currypulver verrühren und mit Salz und Pfeffer abschmecken. Die Toastscheiben damit bestreichen.

2. Die Salatblätter waschen, trocken schütteln und auf 2 Toastscheiben verteilen. Das Roastbeef auf den Salat legen und mit den Gurkenscheiben belegen. Die restlichen 2 Toastscheiben darauflegen und die Sandwiches quer durchschneiden.

Bella Italia – auch auf dem Campus!

Mozzarella-Brötchen

Zutaten:
für 1 Stück I 361 kcal/Stück

1 Tomate
1 Stiel Basilikum
50 g Mozzarella
1 Ciabattabrötchen
10 g Margarine
1 TL Balsamico
Salz, Pfeffer

1. Die Tomate waschen, halbieren, entkernen, dabei den Stielansatz entfernen und fein würfeln. Die Basilikumblätter vom Stiel zupfen, abspülen, trocken tupfen und in feine Streifen schneiden. Den Mozzarella in Scheiben schneiden. Das Brötchen längs halbieren.

2. Die Margarine mit den Basilikumstreifen und dem Balsamico verrühren und auf beide Brötchenhälften streichen. Die Tomatenwürfel und die Mozzarellascheiben abwechselnd auf der unteren Brötchenhälfte verteilen. Mit Salz und Pfeffer würzen und mit der zweiten Brötchenhälfte belegen.

Kornstangen

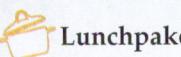 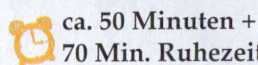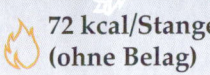
ÜBRIGENS

Die Korn-Stangen eignen sich auch gut zum Einfrieren. Dann nur noch portionsweise auftauen und aufbacken.

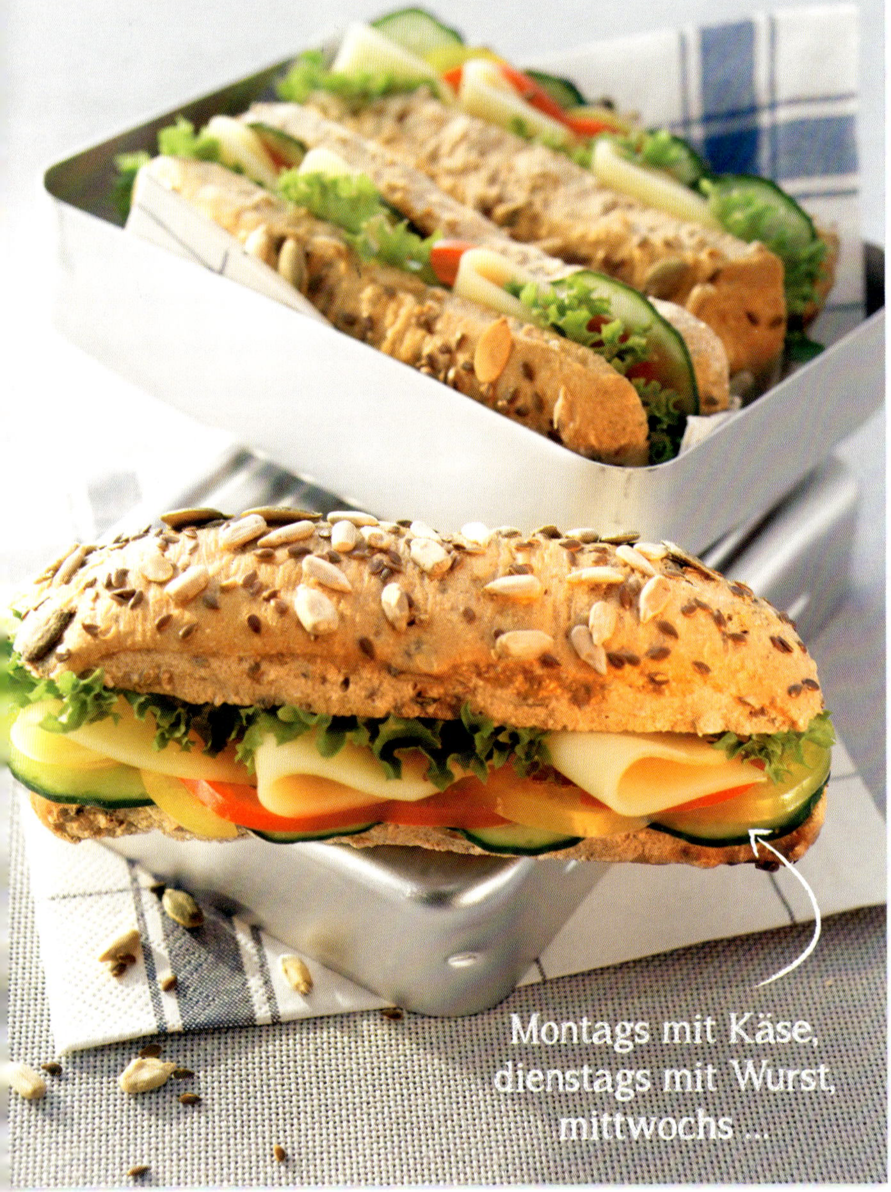

Montags mit Käse, dienstags mit Wurst, mittwochs …

Zutaten:

1 Packung Brotbackmischung
Mehl für die Arbeitsfläche
1 Eigelb

Zum Bestreuen:

30 g Sonnenblumenkerne
30 g Leinsamen
10 g Kürbiskerne

Zubereitung:

1. Die Backmischung mit 340 ml lauwarmem Wasser in eine Schüssel geben. Mit den Knethaken eines Handrührgeräts ca. 5 Minuten zu einem glatten Teig verkneten. Den Teig mit Klarsichtfolie oder einem Tuch abdecken und ca. 30 Minuten an einem warmen Ort ruhen lassen, bis sich das Volumen deutlich vergrößert hat. Den Backofen auf 180 °C vorheizen.

2. Den Teig noch einmal kurz durchkneten und auf einer bemehlten Arbeitsfläche 2 cm dick ausrollen (ca. 27 x 20 cm groß). Mit einem Messer in 12 gleich große Stücke teilen.

3. Das Eigelb mit 1 Esslöffel Wasser verrühren, die Stangen damit bestreichen und mit den Körnern bestreuen. Nochmals abgedeckt an einem warmen Ort ca. 40 Minuten ruhen lassen. 30–35 Minuten auf der mittleren Schiene des Ofens backen. Auf einem Rost auskühlen lassen und nach Belieben belegen.

Käse-Tomate

Zutaten:

für 2 Stangen I 383 kcal/Stange

4 Salatblätter
1 große Tomate
1 kleine Salatgurke
¼ gelbe Paprikaschote
2 Kornstangen
50 g süßer Senf
4 Käsescheiben

1. Die Salatblätter waschen und trocken schütteln. Die Tomate waschen, halbieren und den Stielansatz entfernen. Die Gurke und die Paprika waschen und putzen. Das Gemüse in Scheiben schneiden.

2. Die Stangen aufschneiden und mit dem Senf bestreichen. Mit den Salatblättern, den Tomaten-, Gurken-, Paprika- und Käsescheiben belegen.

Paprika-Ei

Zutaten:

für 2 Stangen I 330 kcal/Stange

2 hart gekochte Eier
25 g Margarine
½ TL gehackter Ingwer
½ TL körniger Senf
½ TL Ketchup
2 Kornstangen
1 rote Paprikaschote
2 Blätter Eichblattsalat

1. Die Eier pellen und 1 Eigelb durch ein Sieb streichen. Mit Margarine, Ingwer, Senf und Ketchup zu einer geschmeidigen Masse verrühren. Die Korn-Stangen aufschneiden und damit bestreichen.

2. Das Eiweiß fein hacken und das übrige ganze Ei in Scheiben schneiden. Die Paprika waschen, putzen und in Streifen schneiden. Die Salatblätter waschen und trocken schütteln.

3. Die Stangen mit den Salatblättern, den Paprikastreifen, den Eischeiben und dem gehackten Eiweiß belegen.

TIPP: Wer keine Lust hat, die Stangen selbst zu backen, kann auch Körnerbrot kaufen. Etwas zu trinken und auch Obst sollte im Lunchpaket nicht fehlen.

Frischkäse-Lachs

Zutaten:

für 2 Stangen I 520 kcal/Stange

½ Salatgurke
2 Kornstangen
100 g körniger Frischkäse
4 Scheiben Räucherlachs
4 TL Sahnemeerrettich
schwarzer Pfeffer

1. Die Gurke waschen, putzen und längs in dünne Scheiben schneiden.

2. Die Stangen aufschneiden, mit dem Frischkäse bestreichen und mit den Gurken- und Lachsscheiben belegen. Auf jede Kornstange 2 Teelöffel Meerrettich streichen und mit Pfeffer bestreuen.

Apfel-Nuss-Honig

Zutaten:

für 2 Stangen I 393 kcal/Stange

2 Kornstangen
20 g Butter
2 TL Honig
1 Apfel
etwas Zitronensaft
2 EL gehackte Nüsse

1. Die Stangen aufschneiden und mit der Butter und dem Honig bestreichen.

2. Den Apfel raspeln und mit dem Zitronensaft beträufeln. Die Stangen mit den Apfelraspeln und den gehackten Nüssen belegen.

Pikante Schweinsohren

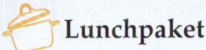 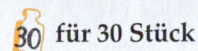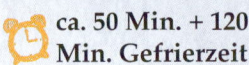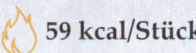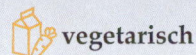
Zutaten:

60 g Pinienkerne
2 Bund Lauchzwiebeln
1 EL Olivenöl
150 g milder Fetakäse
Thymian
300 g Blätterteig
  (ca. 24 x 42 cm)
1 Eiweiß
100 g getrocknete Tomatenstückchen mit Chili (aus
  der Packung)
Salz

Zubereitung:

1. Die Pinienkerne goldgelb rösten und aus der Pfanne nehmen. Die Lauchzwiebeln waschen, putzen und in Ringe schneiden. Im Olivenöl ca. 1 Minute andünsten, mit den Pinienkernen, dem zerbröselten Feta, dem Thymian und Salz vermengen.

2. Den Blätterteig ausrollen und mit etwas Eiweiß bestreichen. Die Tomatenstückchen daraufstreichen und die Feta-Mischung darüber verteilen. Den Teig von beiden Längsseiten bis hin zur Mitte aufrollen. Die beiden Spiralrollen mit etwas Eiweiß bestreichen und sanft gegeneinander drücken. Die Rolle erst in Klarsicht-, dann in Alufolie wickeln und ca. 2 Stunden im Tiefkühler anfrieren.

3. Den Backofen auf 200 °C vorheizen. Die Rolle in etwa 8 mm dicke Scheiben schneiden. Diese auf mit Backpapier ausgelegte Bleche legen. Im vorgeheizten Backofen ca. 15 Minuten goldbraun backen. Dabei ca. 50 ml Wasser in ein feuerfestes Gefäß geben, auf den Ofenboden stellen und die Ofentür sofort schließen. Die Schweinsohren schmecken warm und kalt sehr gut.

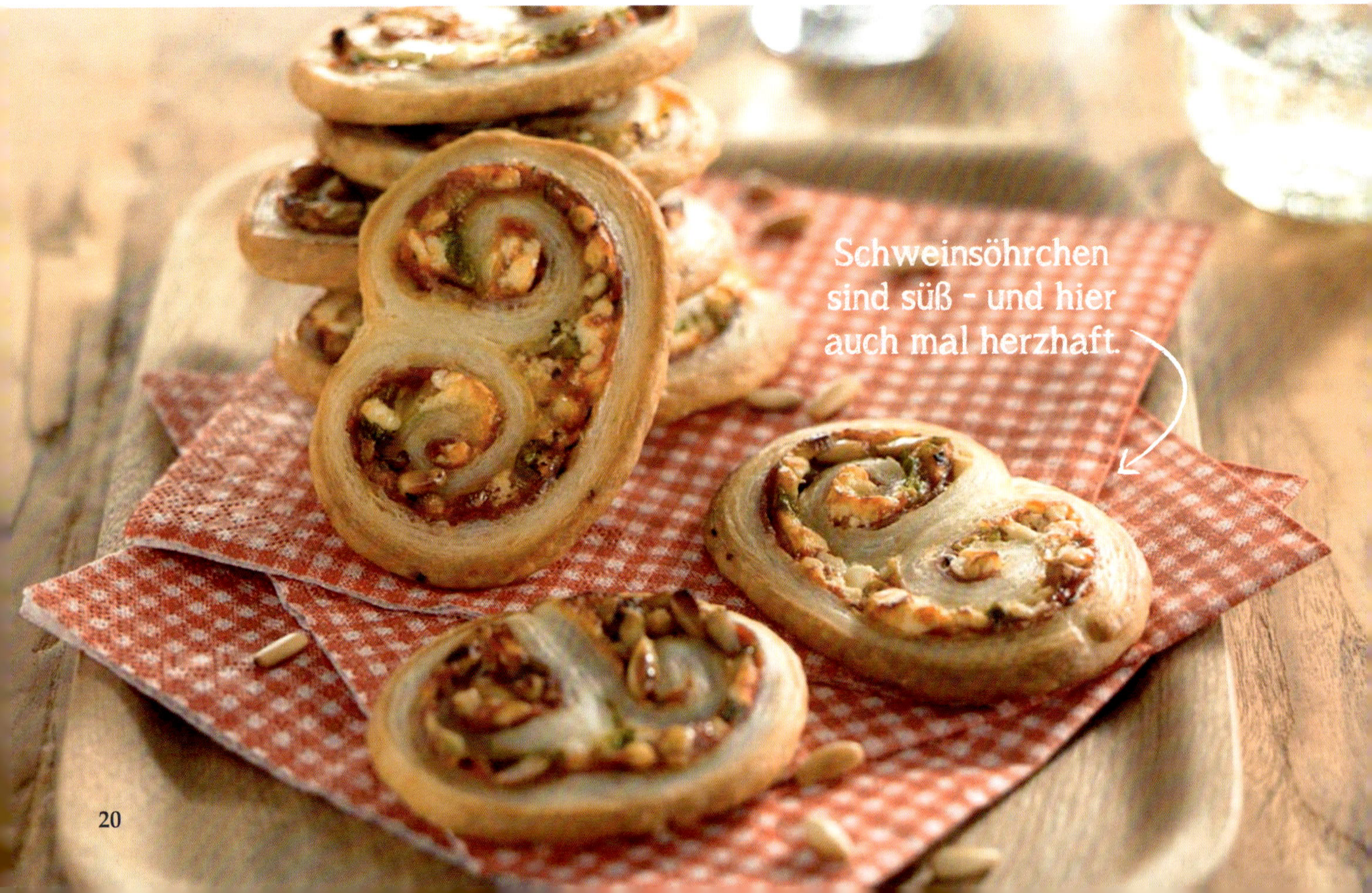

Schweinsöhrchen sind süß – und hier auch mal herzhaft.

Speck-Hörnchen

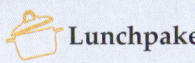 Lunchpaket   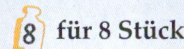 für 8 Stück   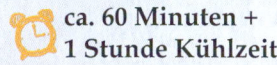 ca. 60 Minuten + 1 Stunde Kühlzeit   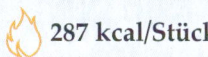 287 kcal/Stück    preiswert

Zutaten:

200 g Weizenmehl
150 g kalte Margarine
200 g Magerquark
125 g durchwachsener Speck
125 g Zwiebeln
1 EL Crème fraîche
2 EL gehackte gemischte
   Kräuter
Salz, Pfeffer

Zubereitung:

1. Das Mehl und 1 Prise Salz miteinander vermischen. Mit der Margarine und dem Quark zu einem Teig verkneten und 1 Stunde kühl stellen. Den Speck würfeln, die Zwiebeln abziehen und würfeln.

2. Den Speck in einer Pfanne auslassen, die Zwiebeln dazugeben und andünsten. Die Crème fraîche und die Kräuter dazugeben und mit Pfeffer abschmecken.

3. Den Backofen auf 200 °C vorheizen. Ein Backblech mit Backpapier auslegen. Den Teig kreisförmig mit ca. 40 cm Durchmesser ausrollen und in 8 gleich große Dreiecke schneiden. Auf jedes Dreieck 1 Esslöffel Füllung geben und von der breiten Seite zur Spitze aufrollen. Im vorgeheizten Ofen ca. 30 Minuten backen.

Süßkartoffelsuppe

Suppe | für 4 Personen | ca. 40 Minuten | 375 kcal/Portion | vegan

Da staunt sogar Oma …

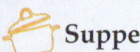

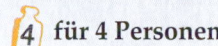

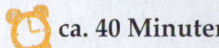

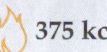

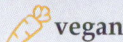

Zutaten:

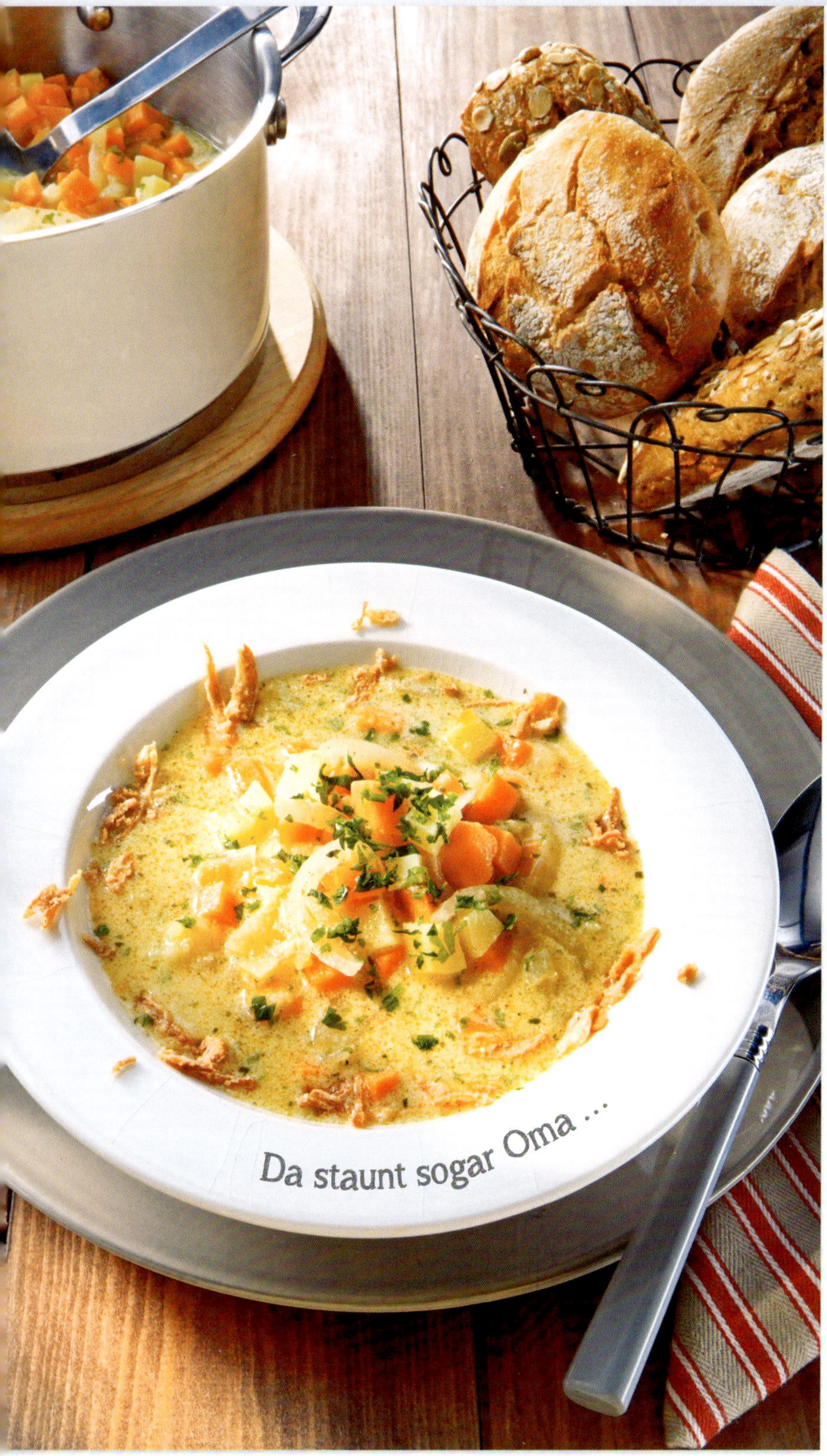

1 große Gemüsezwiebel
10 g Ingwer
1 säuerlicher Apfel
40 g veganes Streichfett
300 g Kartoffeln
700 g Süßkartoffeln
1 TL vegane Brühe
100 ml Soja-Kochcreme
4 EL Röstzwiebeln
Muskat
Salz, Pfeffer

Zubereitung:

1. Die Gemüsezwiebel abziehen und in Streifen schneiden. Den Ingwer schälen und reiben. Den Apfel waschen, schälen und in Würfel schneiden.

2. In einem Topf das Streichfett erhitzen. Die Zwiebelstreifen, den Ingwer und die Apfelstücke in den Topf geben und bei mittlerer Hitze ca. 5 Minuten anbraten.

3. Die Kartoffeln und die Süßkartoffeln schälen, in Würfel schneiden und kurz mitdünsten. 700 ml Wasser und die Brühe dazugeben, aufkochen lassen und mit 1 Messerspitze Muskat und Pfeffer würzen.

4. Die Suppe 10 Minuten köcheln lassen. Die Soja-Kochcreme dazugeben und mit Salz abschmecken. Gut durchrühren, auf Tellern anrichten und mit je 1 Esslöffel Röstzwiebeln bestreuen.

Blumenkohl-Curry-Suppe mit Garnelen

 Suppe   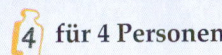 für 4 Personen   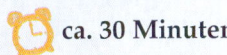 ca. 30 Minuten    618 kcal/Portion    Brainfood

Zutaten:

2 mittelgroße Zwiebeln
1 Blumenkohl
200 g Zuckerschoten
3 EL Pflanzenöl
2–3 TL Currypulver
600 ml Gemüsebrühe
1 Dose Kokosmilch
6 EL fertige Mehlschwitze
   für helle Soßen
4 Riesengarnelen
2–3 EL Sojasoße
4 EL geröstete Erdnüsse
Chiliflocken
einige Korianderblättchen
Pfeffer

Zubereitung:

1. Die Zwiebeln abziehen, vierteln und in dünne Scheiben schneiden. Den Blumenkohl putzen, waschen und in Röschen zerteilen. Die Zuckerschoten putzen, waschen und in Streifen schneiden. 2 Esslöffel Öl in einem Topf erhitzen und die Zwiebeln darin andünsten. Das Currypulver darüberstäuben und kurz mitdünsten. Die Gemüsebrühe und die Kokosmilch dazugießen.

2. Alles aufkochen lassen, die Mehlschwitze unterrühren und nochmals aufkochen lassen. Den Blumenkohl dazugeben und ca. 6 Minuten köcheln lassen. Die Zuckerschoten ebenfalls dazugeben und weitere 3–4 Minuten garen.

Der Duft der großen weiten Welt …

3. Die Garnelen waschen und mit Küchenkrepp trocken tupfen. 1 Esslöffel Öl in einer Pfanne erhitzen, die Garnelen darin unter Wenden ca. 2 Minuten braten. Die Suppe mit der Sojasoße, Chiliflocken und Pfeffer abschmecken.

4. Die Suppe auf 4 Teller verteilen und je eine Garnele daraufgeben. Mit den Erdnüssen bestreut und mit Koriander garniert servieren.

Apfel-Kürbis-Suppe

 Suppe   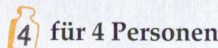 für 4 Personen   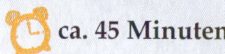 ca. 45 Minuten   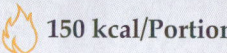 150 kcal/Portion   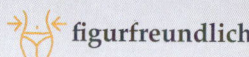 figurfreundlich

Zutaten:

600 g Kürbisfleisch
2 säuerliche Äpfel
1 Zwiebel
3 EL Margarine
1 EL geriebener Ingwer
1 l Gemüsebrühe
1 EL brauner Zucker
½ TL Zimt
Piment
Salz, Pfeffer

Zubereitung:

1. Das Kürbisfleisch in ca. 1 cm große Würfel schneiden. Die Äpfel waschen, vierteln und das Kerngehäuse entfernen. Einen der Äpfel grob würfeln, den anderen in Spalten schneiden. Die Zwiebel abziehen und fein würfeln.

2. 2 Esslöffel Margarine in einem Topf erhitzen, die Kürbis-, die Apfel- und die Zwiebelwürfel und den Ingwer darin ca. 5 Minuten dünsten. Die Brühe dazugießen, aufkochen und ca. 20 Minuten köcheln, bis der Kürbis weich ist.

3. Die Suppe fein pürieren und mit Salz und Pfeffer abschmecken. Den Zucker mit dem Zimt und 1 Messerspitze Piment mischen, die restliche Margarine in einer Pfanne erhitzen und die Apfelspalten darin anbraten. Die Apfelspalten mit der Zuckermischung bestreuen und kurz karamellisieren lassen. Zusammen mit der Suppe servieren.

Herbstsonne im Suppentopf!

Linsensuppe

mit Kokos und Chili

 Suppe   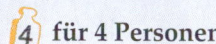 für 4 Personen   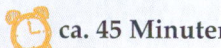 ca. 45 Minuten   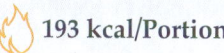 193 kcal/Portion    vegan

Zutaten:

100 g Zwiebeln
1 rote Chilischote
1 EL Pflanzenöl
150 g rote Linsen
800 ml Gemüsebrühe
400 ml Kokosmilch
½ TL Kurkuma
½ Bund frischer Koriander
Salz

Zubereitung:

1. Die Zwiebeln abziehen und würfeln. Die Chilischote halbieren, entkernen und fein würfeln. Beides im heißem Öl dünsten, die Linsen hinzufügen und kurz mitdünsten.

2. Die Gemüsebrühe einrühren, die Kokosmilch und das Kurkuma unterrühren. Zugedeckt bei schwacher Hitze 25–30 Minuten kochen lassen und ab und zu umrühren. Die Suppe fein pürieren und mit Salz abschmecken.

3. Den Koriander waschen, trocken schütteln und die Blätter grob hacken. Die Linsensuppe mit Koriander bestreut servieren.

Chili ... heizt richtig ein!

Honig-Senf-Dressing

 Salat 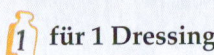 für 1 Dressing 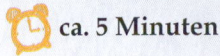 ca. 5 Minuten  575 kcal  schnell

Zutaten:

4 TL mittelscharfer Senf
5 TL Honig
4 EL Öl
4 EL Rotweinessig
Salz, Pfeffer

Zubereitung:

1. Den Senf mit dem Honig cremig rühren. Das Öl und den Essig unterrühren. Zum Schluss noch mit Salz und Pfeffer abschmecken.

> Das Dressing passt sehr gut zu grünem Salat oder Tomaten-Eisberg-Salat.

>> Kombiniere, kombiniere...

Mit Käse, Wurst, gebratenem Fleisch, Nüssen, Sprossen und Samen kombiniert lässt sich jeder Salat ganz nach Belieben aufpeppen. Und mit knusprigem Brot serviert wird daraus eine volle Mahlzeit.

ÜBRIGENS

Dressing auf Vorrat kann im Kühlschrank 2–3 Tage aufbewahrt werden. Zwiebeln sollten aber immer frisch dazugegeben werden, da sie sonst ihre Bitterstoffe ans Dressing abgeben.

Grund-Dressing

Zutaten:

für 1 Dressing | 634 kcal

1 Zwiebel, 3 EL Essig
1 EL Zucker, 2 EL Crème fraîche
3 EL Öl
1 EL gehackte Kräuter
Salz, Pfeffer

1. Die Zwiebel abziehen und in kleine Würfel schneiden.

2. Den Essig mit dem Zucker, den Kräutern, der Zwiebel und Salz und Pfeffer verrühren. Anschließend die Crème fraîche und zum Schluss das Öl unterrühren.

> Passt gut zu Blattsalat; bei Tomaten- oder Bohnensalat die Crème fraîche weglassen.

Balsamico-Dressing

Zutaten:

für 1 Dressing | 979 kcal

1 TL mittelscharfer Senf
50 ml Balsamico-Essig
100 ml Olivenöl
Zucker
Salz, Pfeffer

1. Den Senf mit dem Essig verrühren und mit Salz, Zucker und Pfeffer würzen.

2. Das Öl unterrühren. Nochmals mit den Gewürzen und eventuell etwas Wasser abschmecken.

> Passt gut zu Feld- und Eichblattsalat, Rucola, Radicchio und Tomaten-Mozzarella-Salat.

Joghurt-Dressing

Zutaten:

für 1 Dressing | 235 kcal

1 Bund Schnittlauch
1 Knoblauchzehe
150 g Naturjoghurt
1 TL Honig
1 EL Zitronen- oder Limettensaft
1 TL Olivenöl
Salz, Pfeffer

1. Den Schnittlauch waschen, trocken schütteln und in Röllchen schneiden. Den Knoblauch abziehen und pressen.

2. Den Joghurt mit dem Honig, dem Schnittlauch, dem Knoblauch und dem Zitronen- bzw. Limettensaft verrühren. Nach Belieben salzen und pfeffern, dann das Öl unterrühren. Das Dressing ein paar Stunden kühl stellen, bevor es mit dem Salat gemischt wird.

> Passt gut zu grünen Sommersalaten, Gurken- und Tomatensalat.

Cocktail-Dressing

Zutaten:

für 1 Dressing | 667 kcal

75 g Quark
2 EL Tomatenmark
150 ml süße Sahne
Worcestersoße
Salz, Pfeffer

1. Den Quark mit dem Tomatenmark verrühren. Dann nach und nach die Sahne unterziehen und das Dressing glatt rühren.

2. Mit ein paar Spritzern der Worcestersoße, Salz und Pfeffer abschmecken.

> Passt gut zu gemischten Blattsalaten oder Salaten, die mit Früchten kombiniert werden.

Mach mich an!

Rohkostsalat

 Salat   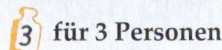 für 3 Personen   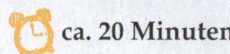 ca. 20 Minuten   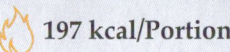 197 kcal/Portion   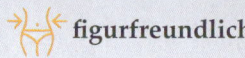 figurfreundlich

Zutaten:

1 kleiner Kohlrabi
1 Karotte
1 kleiner Apfel
1 Beutel Salatkräuter-
   mischung
1 EL Honig
3 EL Walnussöl
Salz, Pfeffer

Zubereitung:

1. Den Kohlrabi und die Karotte schälen und mit einer Küchenreibe grob raspeln. Den Apfel waschen, entkernen und ebenfalls raspeln.

2. Die Salatsoßenmischung mit 3 Esslöffeln Wasser, dem Honig und dem Walnussöl verrühren und mit Salz und Pfeffer würzen. Das Dressing mit den Salatzutaten vermischen.

Statt Süßholz mal Karotte raspeln ...

Scharfer Reissalat

Salat | für 4 Personen | ca. 35 Minuten | 591 kcal/Portion | preiswert

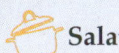

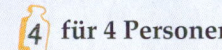

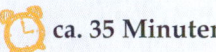

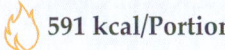

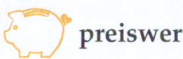

Absolut partytauglich!
ÜBRIGENS
Wenn ihr den Reis durch Quinoa ersetzt, wird der Salat zum trendigen Superfood.

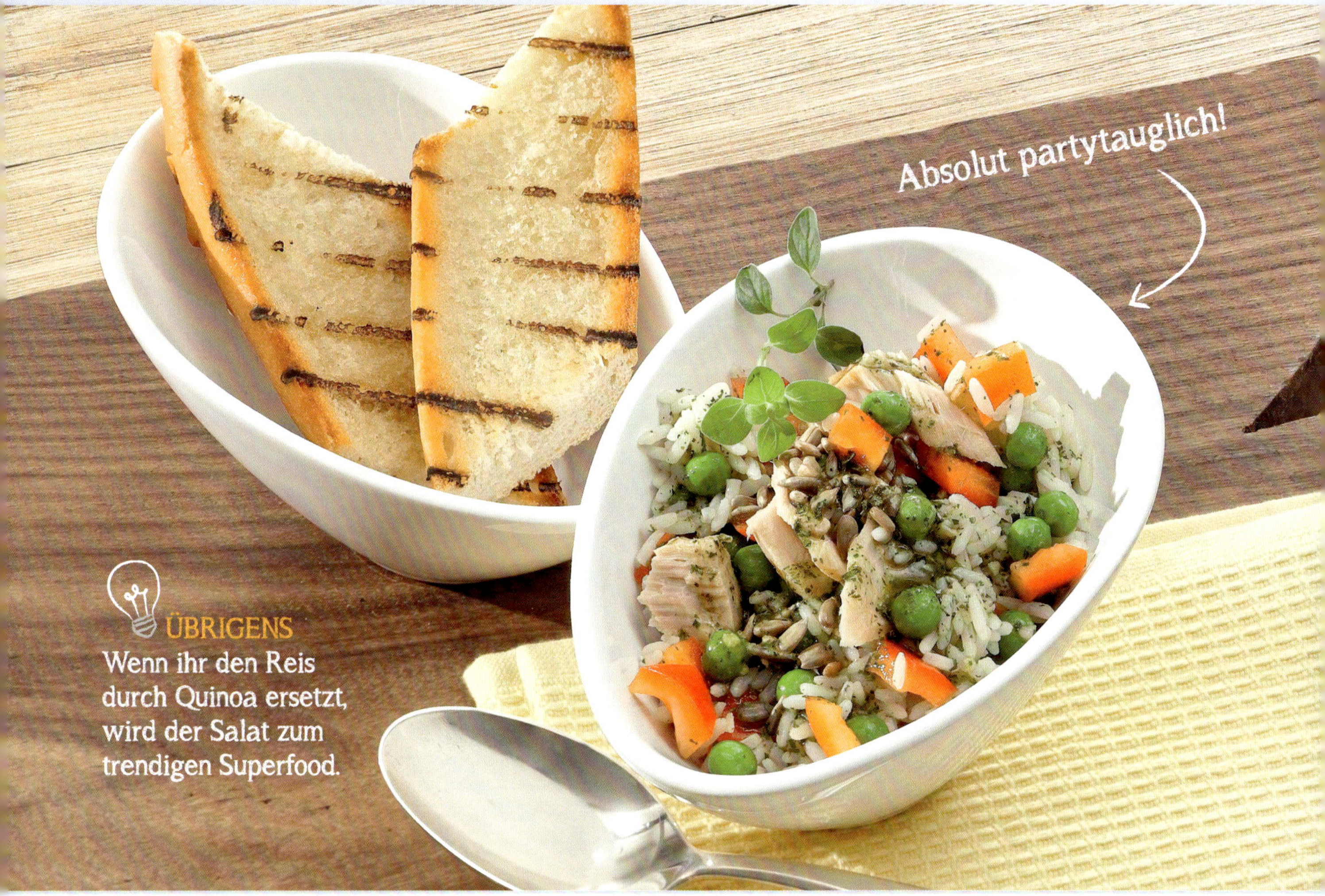

Zutaten:

200 g Langkornreis
300 g Erbsen (tiefgekühlt)
30 g Sonnenblumenkerne
1 Dose Thunfisch in Öl
2 rote Paprikaschoten
2 Beutel Salatkräutermischung mit Knoblauch
2 TL Wasabipaste
2 EL Limettensaft
6 EL Keimöl

Zubereitung:

1. Den Reis in kochendem Salzwasser nach Packungsanweisung garen. Die Erbsen 2 Minuten vor Ende der Garzeit hinzufügen und mitgaren.

2. Inzwischen die Sonnenblumenkerne in einer Pfanne ohne Fett goldbraun anrösten. Den Thunfisch abtropfen lassen und in Stücke zupfen. Die Paprika putzen, waschen und in kleine Würfel schneiden.

3. Den Reis und die Erbsen mit kaltem Wasser abschrecken, abtropfen und abkühlen lassen. Den Beutelinhalt Salatkräutermischung mit der Wasabipaste, dem Limettensaft, 6 Esslöffel Wasser und dem Keimöl verrühren.

4. Den Reis mit den Erbsen, dem Thunfisch und der Paprika in einer Schüssel vorsichtig mit dem Dressing mischen. Mit den gerösteten Sonnenblumenkernen bestreut servieren.

Frikdellen
mit Karotten-Kohlrabi- Gemüse

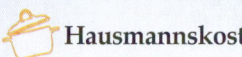 Hausmannskost 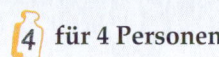 für 4 Personen 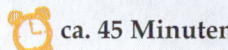 ca. 45 Minuten  640 kcal/Portion preiswert

Zubereitung:

1. Die Karotten waschen, schälen und in Scheiben schneiden. Den Kohlrabi schälen, halbieren und ebenfalls in Scheiben schneiden. Die Zwiebel abziehen und in Würfel schneiden.

2. Das Hackfleisch mit dem Ei, dem Paniermehl, dem Senf und der Zwiebel verkneten und mit Salz und Pfeffer würzen. Zu 8 kleinen Frikadellen formen. Die Petersilie waschen, trocken schütteln, einige Blättchen zum Garnieren beiseitelegen und den Rest fein hacken.

3. Das Öl in einer Pfanne erhitzen und die Frikadellen darin unter Wenden 8–10 Minuten braten. Das vorbereitete Gemüse in kochendem Salzwasser ca. 6 Minuten garen. Die Gemüsebrühe mit 125 ml Milch aufkochen und den Soßenbinder unter Rühren hinzufügen. Ca. 3 Minuten kochen lassen und mit Salz und Pfeffer abschmecken.

4. Das Kartoffelpüree nach Packungsanweisung zubereiten. Das Gemüse in ein Sieb gießen, in die Soße geben und unterrühren. Die Butter in einer Pfanne zerlassen.

5. Das Kartoffelpüree, das Gemüse und die Frikadellen auf Tellern anrichten. Die zerlassene Butter über das Kartoffelpüree gießen und das Gemüse mit Petersilie bestreut servieren.

Zutaten:

400 g Karotten
400 g Kohlrabi
1 Zwiebel
600 g gemischtes Hackfleisch
1 Ei

2 EL Paniermehl
1 EL mittelscharfer Senf
6 Stiele Petersilie
2 EL Öl
125 ml Gemüsebrühe

250 ml Milch
3 EL Soßenbinder für helle Soßen
1 Beutel Kartoffelpüree
2 EL Butter
Salz, Pfeffer

Schmeckt wie bei Mutti ...

ÜBRIGENS

Traditionell isst man dazu Reis. Schmeckt aber genauso gut zu Salzkartoffeln.

Man nennt es auch Ragout ...

Hühnerfrikassee
mit Erbsen und Karotten

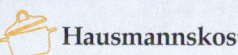 Hausmannskost 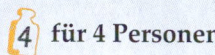 für 4 Personen  ca. 120 Minuten 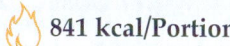 841 kcal/Portion  preiswert

Zutaten:

1 Bund Suppengrün (Karotte,
  Sellerie, Lauch)
1 Knoblauchzehe
1 Lorbeerblatt
1 Hähnchen (ca. 1,2 kg)
4 EL Butter
4 EL Mehl
450 g Erbsen und Karotten (aus
  der Dose oder tiefgekühlt)
Muskatnuss
Salz, Pfeffer

Ich mach Frikassee aus dir!

Zubereitung:

1. Das Suppengrün waschen, putzen und klein schneiden. Den Knoblauch abziehen und in kleine Würfel schneiden. Alles in einen großen Suppentopf geben, mit 2 l Wasser auffüllen und 2 Teelöffel Salz, Pfeffer und das Lorbeerblatt hinzufügen. Den Topf mit dem Deckel verschließen, kurz aufkochen lassen und dann die Hitze etwas reduzieren.

2. Das (aufgetaute) Hähnchen waschen, die Innereien entnehmen und das Hähnchen in den Topf geben. Das Hähnchen bei gleichbleibend niedriger Hitze ca. 1½ Stunden garen. Das Wasser darf nicht kochen, sonst wird das Hähnchen zäh. Das Hähnchen hin und wieder wenden. Wer mag, kann die Innereien die letzte halbe Stunde hinzufügen und alles zusammen garen.

3. Das Hähnchen aus dem Topf nehmen und etwas abkühlen lassen. Die Brühe durch ein feines Sieb gießen und 1 l davon bereithalten. Das Hähnchenfleisch von den Knochen lösen und in kleine Stücke schneiden. Die Haut aussortieren. Die Innereien gegebenenfalls klein schneiden.

4. In einem breiten Topf die Butter bei mittlerer Hitze zerlassen und das Mehl hineinstreuen. Mit einem Schneebesen gut verrühren, damit sich keine Klümpchen bilden. Nach und nach die Brühe dazugießen und dabei weiterhin kräftig mit dem Schneebesen rühren.

5. Die Erbsen und die Karotten dazugeben und noch ca. 10 Minuten leicht köcheln lassen. Mit Salz, Pfeffer und Muskatnuss abschmecken. Die Hähnchenstücke hinzufügen und heiß servieren.

>> Es ist noch Suppe da ...

Die übrig gebliebene Hühnerbrühe in Gefrierbeutel füllen und einfrieren. Ein guter Vorrat für graue Herbsttage: Einfach ein paar Suppennudeln darin kochen und schon hat man eine kleine warme Mahlzeit.

Toast Hawaii

Hausmannskost | für 2 Personen | ca. 10 Minuten | 460 kcal/Portion | schnell

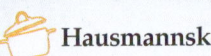

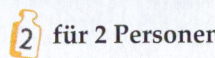

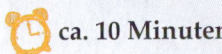

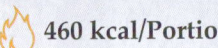

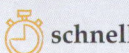

Zutaten:

4 Scheiben Toastbrot
etwas Butter
4 Scheiben gekochter Schinken
4 Scheiben Ananas
4 Scheiben Emmentaler
einige Löffel Preiselbeermarmelade
einige Minzblättchen

Zubereitung:

1. Das Toastbrot leicht toasten und anschließend mit Butter bestreichen. Auf ein Backblech legen und den Ofen auf 150 °C vorheizen.

2. Die Toastscheiben mit je 1 Scheibe Schinken, Ananas und Emmentaler belegen und für wenige Minuten in den Ofen schieben. Wenn der Käse verlaufen ist, die Toasts aus dem Backofen nehmen, mit Preiselbeeren und Minze dekorieren und servieren.

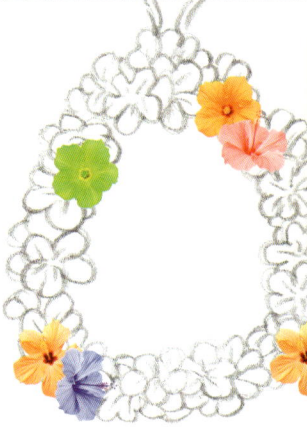

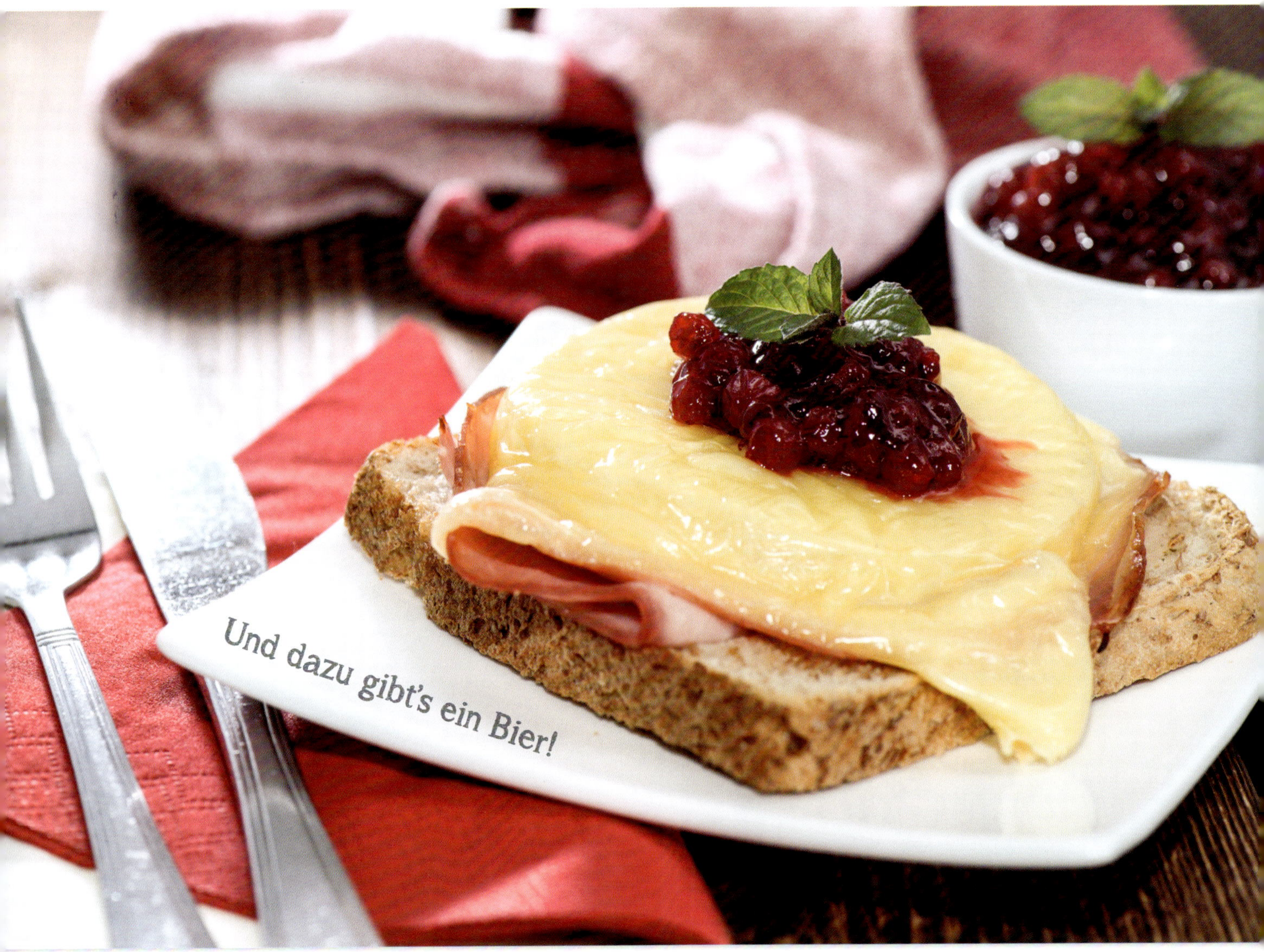

Und dazu gibt's ein Bier!

Strammer Max

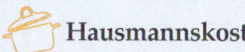 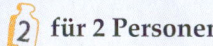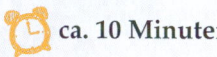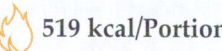
Strammer Moritz, Strammer Otto, Stramme Lotte ...

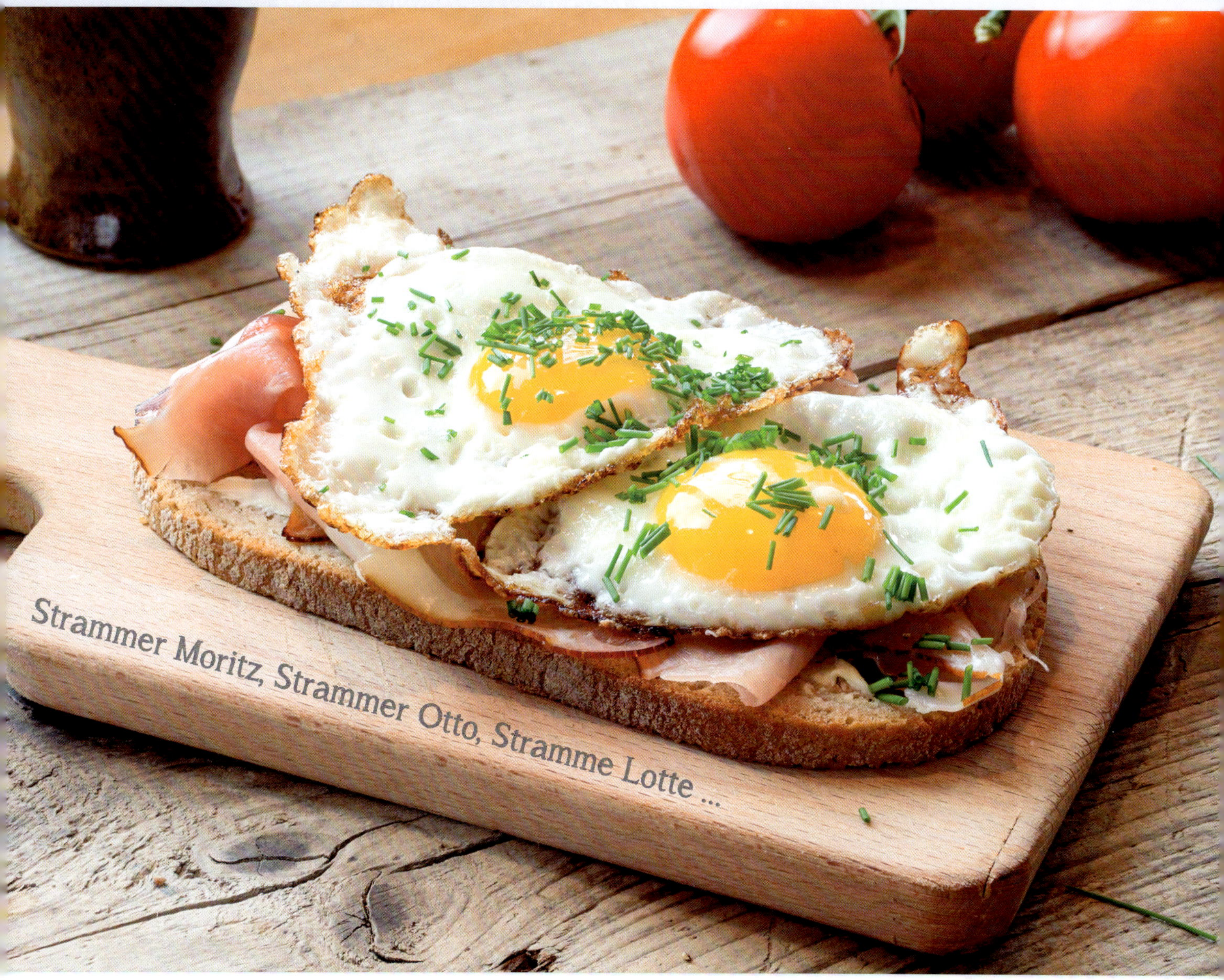

Zutaten:

2 Scheiben Bauernbrot
etwas Butter
6 dünne Scheiben
   geräucherter Schinken
etwas Öl
4 Eier
Schnittlauchröllchen zum
   Dekorieren
Salz, Pfeffer

Zubereitung:

1. Die Brotscheiben mit Butter bestreichen und mit jeweils 3 Scheiben Schinken belegen. Das Öl in einer Pfanne erhitzen und die Eier zu Spiegeleiern braten.

2. Jeweils 2 Spiegeleier auf die Schinkenbrote legen. Die Spiegeleier leicht salzen und pfeffern und mit etwas Schnittlauch garniert servieren. Achtung: Der Schinken ist schon würzig – deshalb nicht zu viel würzen.

ÜBRIGENS

Noch figurfreundlicher wird es, wenn ihr statt Kroketten Kartoffelpüree zubereitet.

Da wird der Mensa-Koch blass vor Neid ...

Schnitzel mit Kroketten und Bohnen

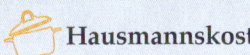 Hausmannskost   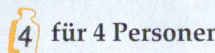 für 4 Personen   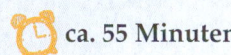 ca. 55 Minuten   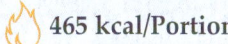 465 kcal/Portion   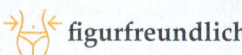 figurfreundlich

Zutaten:

Für die Kroketten:
1 Beutel Kartoffelpüree
1 Ei
2 EL Mehl zum Panieren
Fett zum Frittieren

Für die Bohnen:
600 g Prinzessbohnen
  (tiefgekühlt)
50 g Speckwürfel

Für die Schnitzel:
1 EL Olivenöl
4 Schweineschnitzel
1 Ei, 3–4 EL Paniermehl
rosa Pfefferbeeren

Zubereitung:

1. Das Püree nach Packungsanweisung zubereiten. Die Masse etwa 10 Minuten abkühlen lassen, 1 Ei unterrühren und mit Muskat würzen. 12 Röllchen daraus formen und im Paniermehl wenden.

2. 250 ml Wasser erhitzen und die Bohnen unaufgetaut hinzufügen, aufkochen und zugedeckt 8–10 Minuten garen, dabei mehrmals umrühren. Die Bohnen abgießen und abtropfen lassen.

3. Die Röllchen portionsweise etwa 3 Minuten im Frittierfett ausbacken, herausnehmen und auf Küchenkrepp abtropfen lassen.

4. Die Schnitzel kalt abwaschen, mit Küchenkrepp trocken tupfen und flach klopfen. Mit Salz und Pfeffer würzen. Ein Ei aufschlagen und die Schnitzel zuerst im Ei und dann im Paniermehl wenden.

5. Das Öl in einer Pfanne erhitzen, die Schnitzel unter Wenden 6 Minuten anbraten, herausnehmen und warm halten. Die Speckwürfel in der Pfanne ca. 2 Minuten anbraten, Bohnen hineingeben und weitere 3 Minuten braten. Die Schnitzel mit den Bohnen und den Kroketten auf Tellern anrichten. Das Fleisch mit den rosa Pfefferbeeren würzen.

Spaghetti Bolognese

 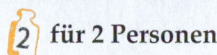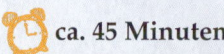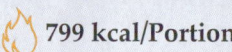
Zutaten:

250 g Spaghetti
200 g gemischtes Hackfleisch
2 EL Keimöl
1 Knoblauchzehe
1 Zwiebel
1 Karotte
2 EL Tomatenmark
1 EL Mehl
1 TL getrockneter Oregano
½ TL Paprikapulver
1 TL gehackte Petersilie
1 TL getrockneter Basilikum
Zucker
Salz, Pfeffer
frisch geriebener Parmesan

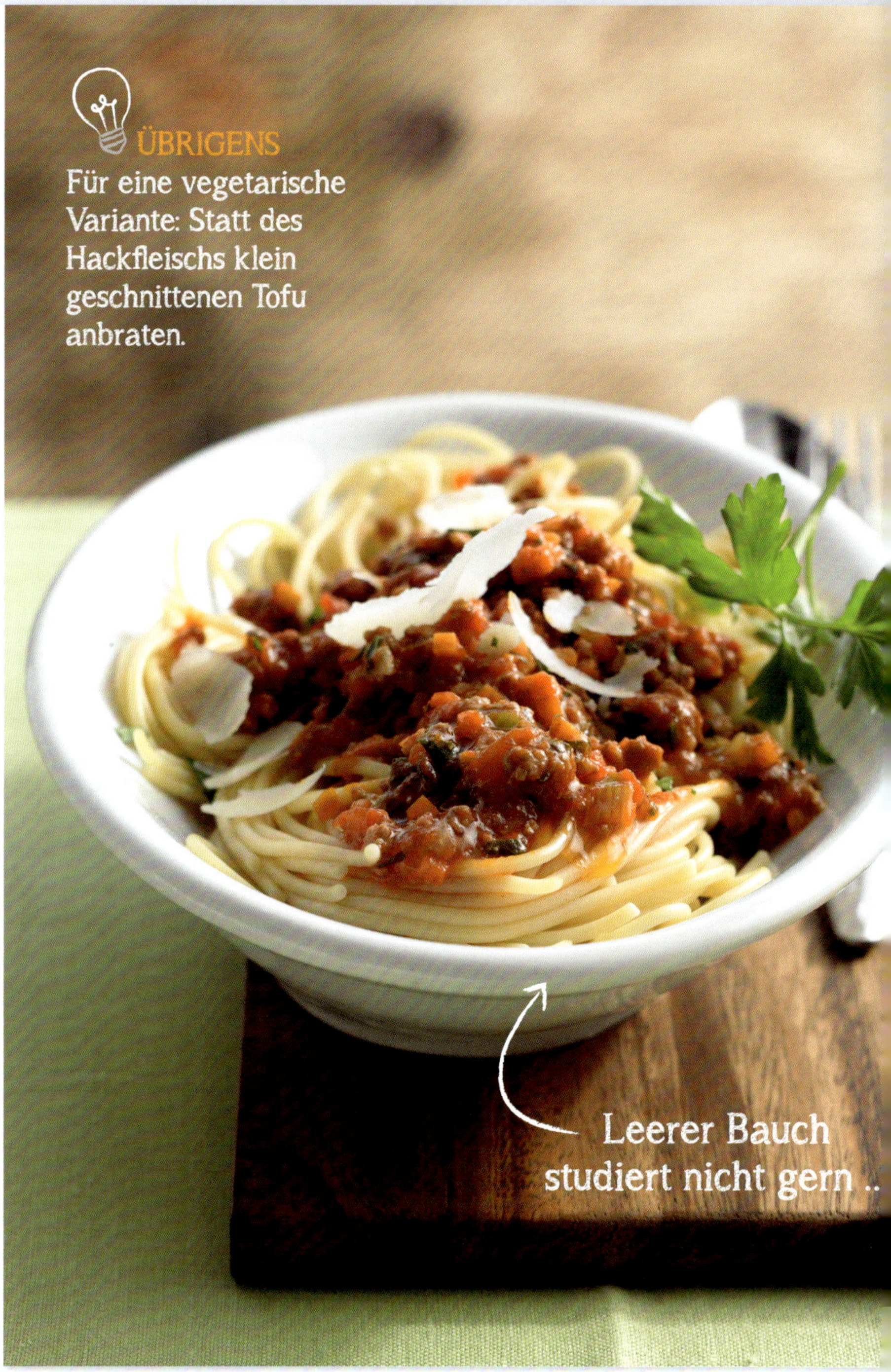

ÜBRIGENS

Für eine vegetarische Variante: Statt des Hackfleischs klein geschnittenen Tofu anbraten.

Zubereitung:

1. Das Öl in einer Pfanne erhitzen und das Hackfleisch darin anbraten. Die Zwiebeln und den Knoblauch abziehen und die Karotten schälen. Alles würfeln und zu dem Hackfleisch in die Pfanne geben.

2. Das Tomatenmark hinzufügen, das Mehl und 400 ml Wasser hineinrühren und aufkochen lassen. Zugedeckt bei schwacher Hitze ca. 25 Minuten köcheln lassen.

3. Mit Salz, Pfeffer, dem Oregano, dem Paprikapulver, der Petersilie, dem Basilikum und einer Prise Zucker würzen und die Soße weitere 5 Minuten ziehen lassen.

Leerer Bauch studiert nicht gern ..

4. Die Spaghetti nach Packungsanleitung in leicht gesalzenem Wasser kochen und abgießen. Nun die fertige Bolognesesoße über die Spaghetti geben und nach Belieben mit frisch geriebenem Parmesan bestreut servieren.

Bolognese Bianco

Pasta | für 4 Personen | ca. 45 Minuten | 642 kcal/Portion | preiswert

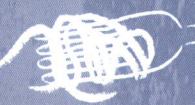

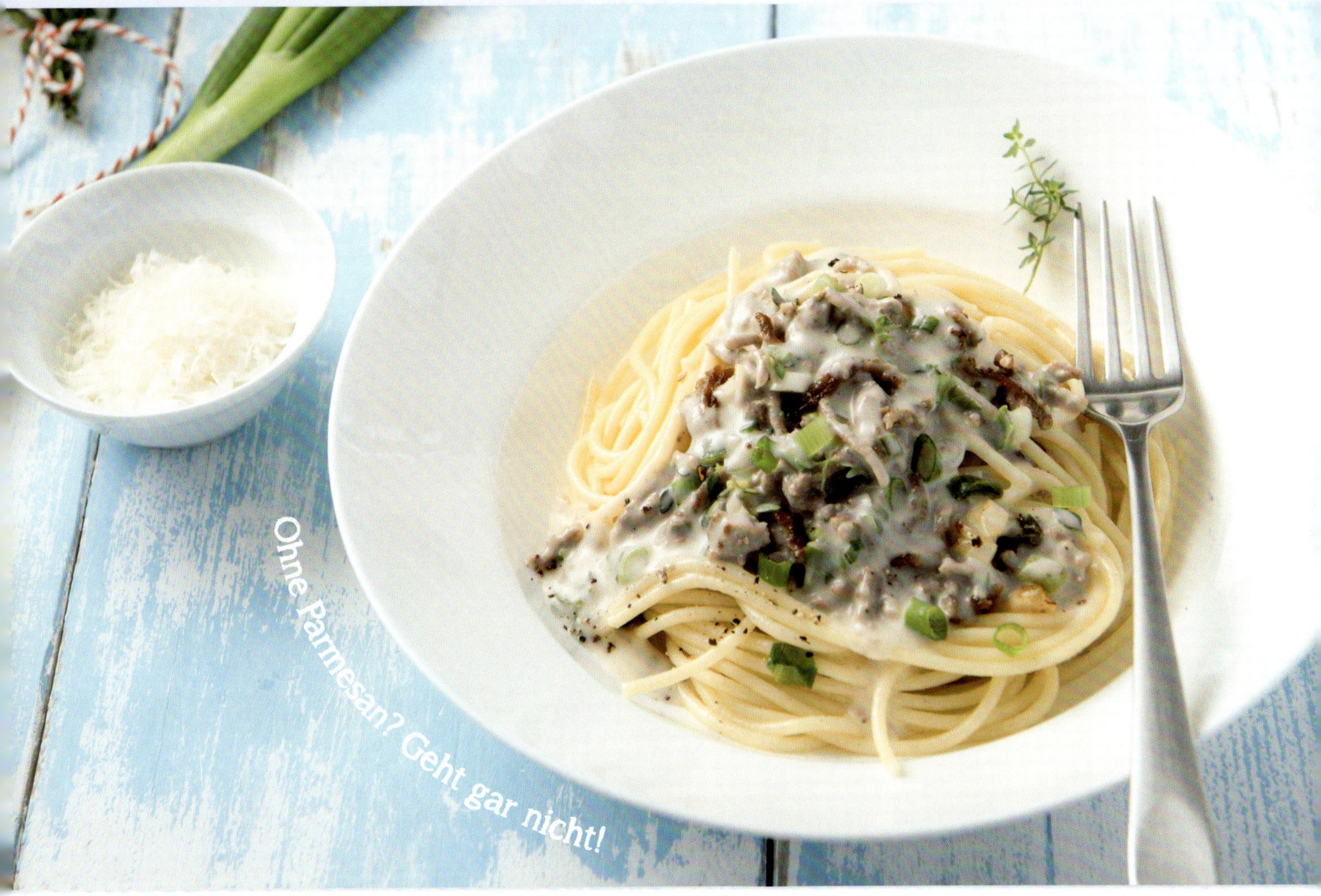
Ohne Parmesan? Geht gar nicht!

Zutaten:

4 Lauchzwiebeln
1 Knoblauchzehe
3–4 Zweige Thymian
1 EL Margarine
400 g Rinderhackfleisch
500 ml süße Sahne
2 TL Gemüsebouillon
500 g Spaghetti
Salz, Pfeffer

Zubereitung:

1. Die Lauchzwiebeln putzen und in Ringe schneiden. Den Knoblauch abziehen und fein würfeln. Den Thymian waschen, trocken schütteln und die Blätter abstreifen.

2. Die Margarine in einem Topf erhitzen. Die weißen Lauchzwiebelringe und den Knoblauch dazugeben und etwa 1 Minute dünsten. Das Hackfleisch dazugeben, mit Salz und Pfeffer würzen und krümelig anbraten. Die Sahne, die Gemüsebouillon, den Thymian und die Hälfte der grünen Lauchzwiebelringe dazugeben. Alles bei kleiner Hitze ca. 25 Minuten köcheln lassen.

3. Die Spaghetti nach Packungsanweisung in Salzwasser bissfest garen. Abgießen, abtropfen lassen, mit der Bolognese Bianco anrichten und mit den grünen Lauchzwiebelringen bestreut servieren.

Pasta mit Basilikumpesto

 Pasta   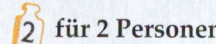 für 2 Personen   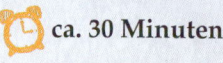 ca. 30 Minuten   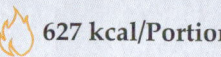 627 kcal/Portion   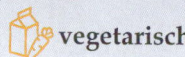 vegetarisch

Zutaten:

250 g Spaghetti
6–7 EL Olivenöl
1–2 Knoblauchzehen
2 EL Pinienkerne
1 Bund Basilikum
75 g Parmesan
Salz, Pfeffer

Zubereitung:

1. Die Penne in reichlich kochendem Salzwasser bissfest garen und in einem Sieb abgießen. Die Nudeln zurück in den Topf schütten und mit 1 Esslöffel Olivenöl beträufeln.

2. Den Knoblauch abziehen und hacken. Mit den Pinienkernen im Mörser zermahlen. Das Basilikum waschen, trocken tupfen und die Blättchen abzupfen. In Streifen schneiden und zu der Paste in den Mörser geben. 2 Esslöffel Olivenöl zugeben und alles fein zerreiben. Den Parmesan reiben und nach und nach in die Basilikumpaste einarbeiten. Das restliche Olivenöl nach und nach unter die Masse rühren. Das Pesto mit Salz und Pfeffer würzen.

3. Die Penne mit dem Pesto auf Teller verteilen und servieren.

ÜBRIGENS

Im Frühling könnt ihr das Basilikum durch Bärlauch ersetzen.

Cannelloni mit Spinat-Ricotta-Füllung

 Pasta   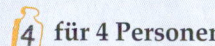 für 4 Personen   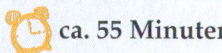 ca. 55 Minuten   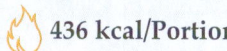 436 kcal/Portion   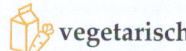 vegetarisch

Mit Spinat gut auf Draht!

Zutaten:

300 g Spinat (tiefgekühlt)
1 Zwiebel
2 Knoblauchzehen
2 EL Olivenöl
250 g Ricotta
120 g geriebener Parmesan
2 Eier
16 Cannelloni-Röllchen
400 g gehackte Tomaten
  (aus der Dose)
200 ml Gemüsebrühe
Muskat
Salz, Pfeffer

Zubereitung:

1. Den Backofen auf 200 °C vorheizen. Den Spinat in einem kleinen Topf bei kleiner Hitze auftauen lassen. Anschließend ausdrücken und grob hacken. Die Zwiebel und den Knoblauch abziehen, fein hacken und in Olivenöl andünsten.

2. Den Spinat dazugeben und ca. 5 Minuten mitdünsten. Abkühlen lassen, mit Salz, Pfeffer und Muskat würzen und mit dem Ricotta, 80 g geriebenem Parmesan und den Eiern mischen.

3. Die Masse in die Cannelloni-Röllchen füllen und diese nebeneinander in eine gefettete Auflaufform legen. Die gehackten Tomaten mit der Gemüsebrühe erhitzen und über die Cannelloni gießen. Den restlichen Parmesan darüberstreuen und die Cannelloni ca. 35 Minuten backen.

Vegetarisches Chili

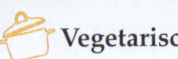 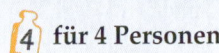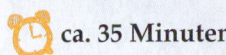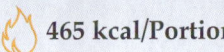
Chili ist chillig.

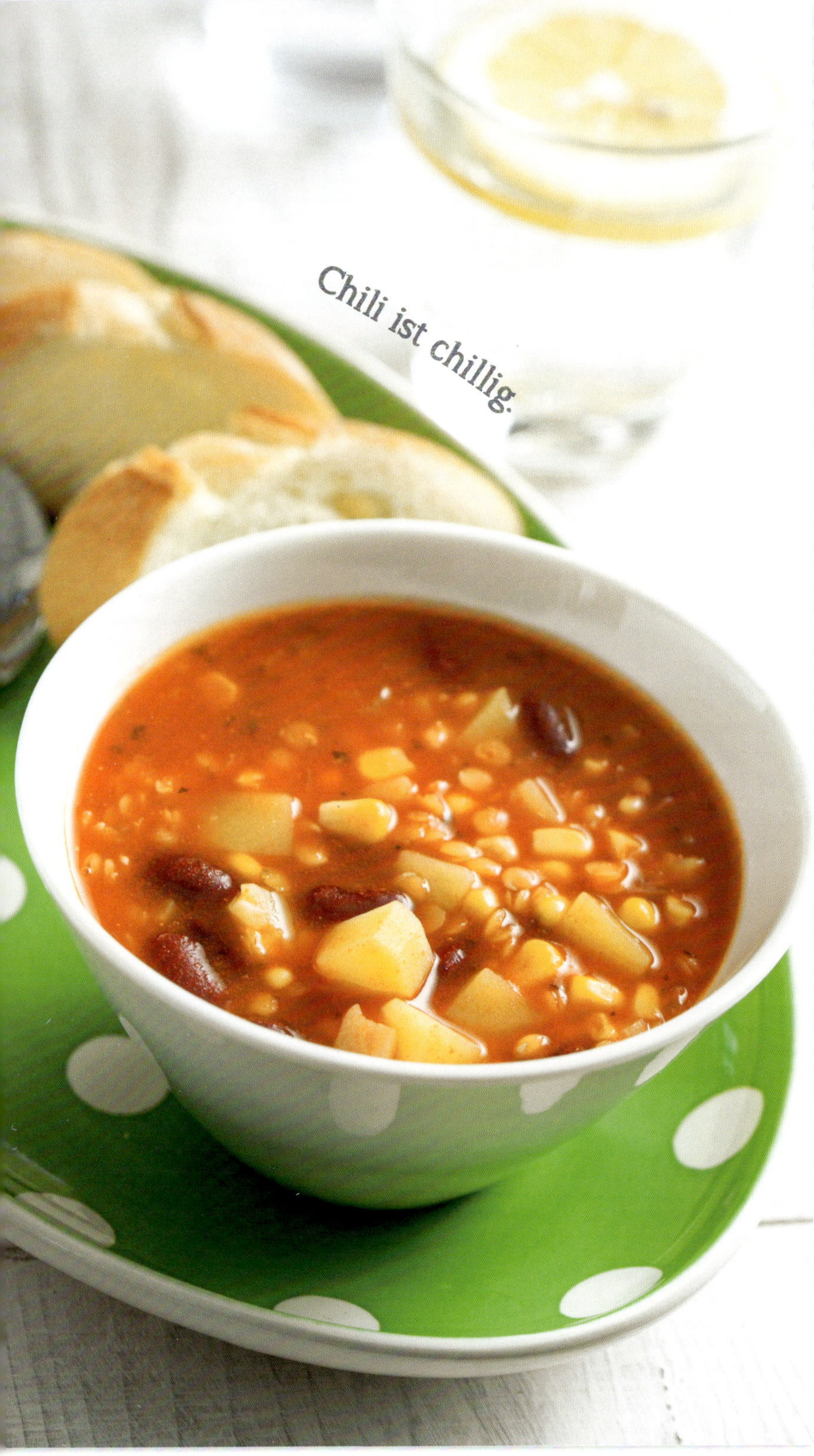

Zutaten:

1 Zwiebel
2 Knoblauchzehen
2 Kartoffeln
200 g rote Linsen
2 EL Öl
1 Päckchen passierte Tomaten
400 g Kidneybohnen (aus der Dose)
340 g Mais (aus der Dose)
Chiliflocken
Salz, Pfeffer

Zubereitung:

1. Die Zwiebel und den Knoblauch abziehen und in feine Würfel schneiden. Die Kartoffeln schälen und ebenfalls in Würfel schneiden. Die roten Linsen in einem Sieb kurz abspülen.

2. Das Öl in einem großen Topf erhitzen und die Zwiebeln und den Knoblauch darin glasig dünsten. Die Kartoffeln und die Linsen dazugeben.

3. Die passierten Tomaten einrühren. Unter Rühren aufkochen und dann bei kleiner Hitze ca. 15 Minuten köcheln lassen, bis die Kartoffeln gar sind, dabei gelegentlich umrühren.

4. Die Bohnen und den Mais abtropfen lassen, dazugeben und mit dem Chili erwärmen. Je nach gewünschter Konsistenz eventuell noch etwas Brühe oder Wasser hinzufügen. Das Chili mit Chiliflocken, Salz und Pfeffer pikant abschmecken.

Penne mit Linsen

Vegetarisches | 4 für 4 Personen | ca. 45 Minuten | 522 kcal/Portion | vegan

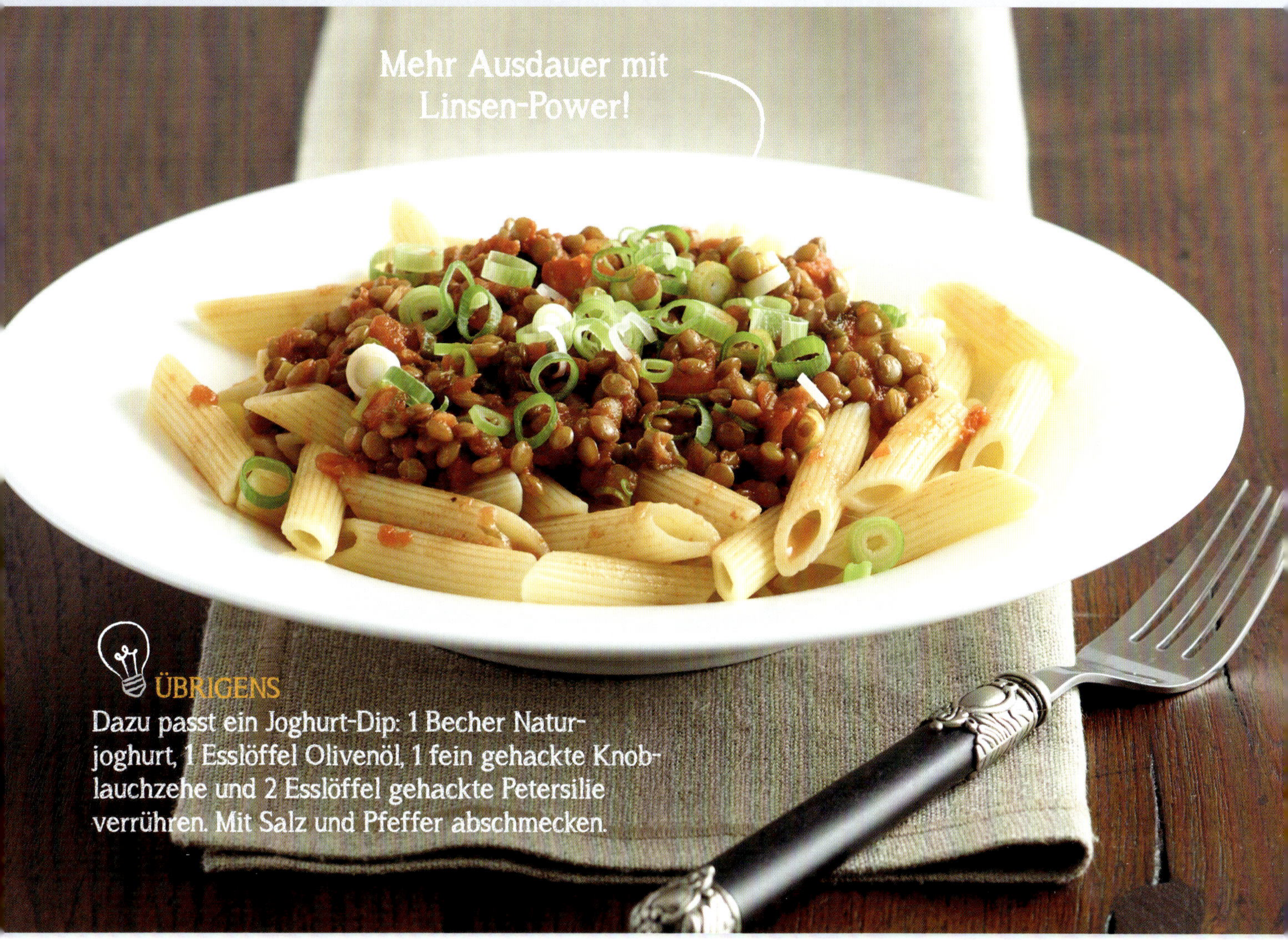
Mehr Ausdauer mit Linsen-Power!

ÜBRIGENS

Dazu passt ein Joghurt-Dip: 1 Becher Naturjoghurt, 1 Esslöffel Olivenöl, 1 fein gehackte Knoblauchzehe und 2 Esslöffel gehackte Petersilie verrühren. Mit Salz und Pfeffer abschmecken.

Zutaten:

100 g Lauchzwiebeln
2 Knoblauchzehen
1 EL Öl
150 g Pardina-Linsen
500 ml Gemüsebrühe
400 g Penne Rigate
400 g stückige Tomaten (aus der Dose)
1–2 TL rote Currypaste
1 TL Zucker
Salz, Pfeffer

Zubereitung:

1. Die Lauchzwiebeln putzen, in Ringe schneiden und 2 Esslöffel beiseitestellen. Den Knoblauch abziehen und fein würfeln. Die Lauchzwiebeln und den Knoblauch in heißem Öl dünsten. Die Linsen hinzufügen und kurz mitdünsten.

2. Die Gemüsebrühe einrühren und zu den Linsen gießen. Zugedeckt bei schwacher Hitze ca. 25 Minuten kochen lassen.

3. Die Nudeln in kochendem Salzwasser nach Packungsangabe kochen. Die Tomaten, die Currypaste und den Zucker unterrühren, aufkochen lassen und mit Salz und Pfeffer abschmecken. Die Penne mit den Curry-Linsen anrichten und mit den restlichen Lauchringen bestreut servieren.

Veggie-Döner

Vegetarisches | 4 für 4 Personen | ca. 20 Minuten | 558 kcal/Portion | schnell

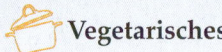

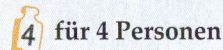

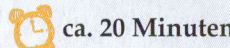

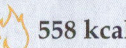

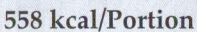

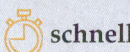

Zutaten:

1 Fladenbrot
200 g Zucchini
250 g Tomaten
1 gelbe Paprikaschote
1 Bund Dill
150 g Feta
150 g Knoblauch-Grillsoße

Zubereitung:

1. Das Fladenbrot im vorgeheizten Backofen bei 200 °C 4–5 Minuten erwärmen. Die Zucchini und die Tomaten waschen. Die Paprikaschote halbieren, entkernen und waschen.

2. Die Zucchini, die Tomaten und die Paprikaschote in kleine Würfel schneiden. Den Dill waschen, trocken schütteln und das Grün von den Stielen zupfen. Den Feta abtropfen lassen und würfeln. Zusammen mit dem Dill, den Tomaten-, den Zucchini- und den Paprikastückchen unter die Grillsoße heben.

3. Das Fladenbrot vierteln und jeweils 1 Tasche hineinschneiden. Die Gemüse-Feta-Mischung einfüllen und den vegetarischen Döner sofort servieren.

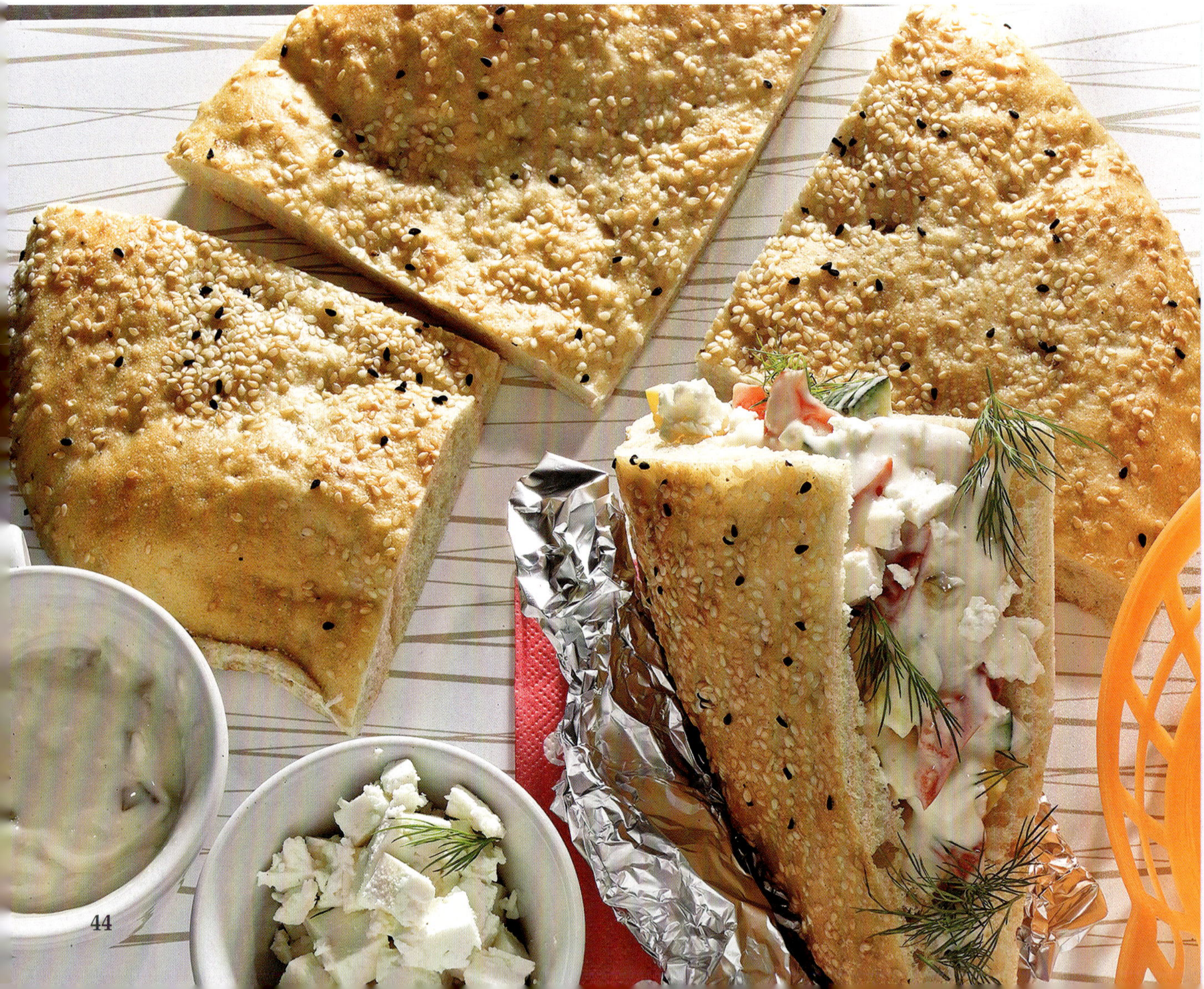

Wraps aus dem Ofen

Vegetarisches | 4 für 4 Personen | ca. 35 Minuten | 602 kcal/Portion | vegan

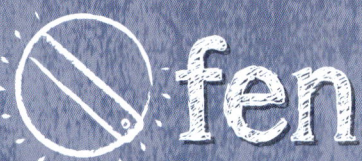

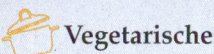

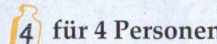

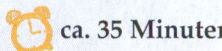

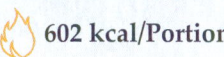

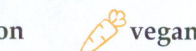

Gut gewickelt
ist halb
gegessen.

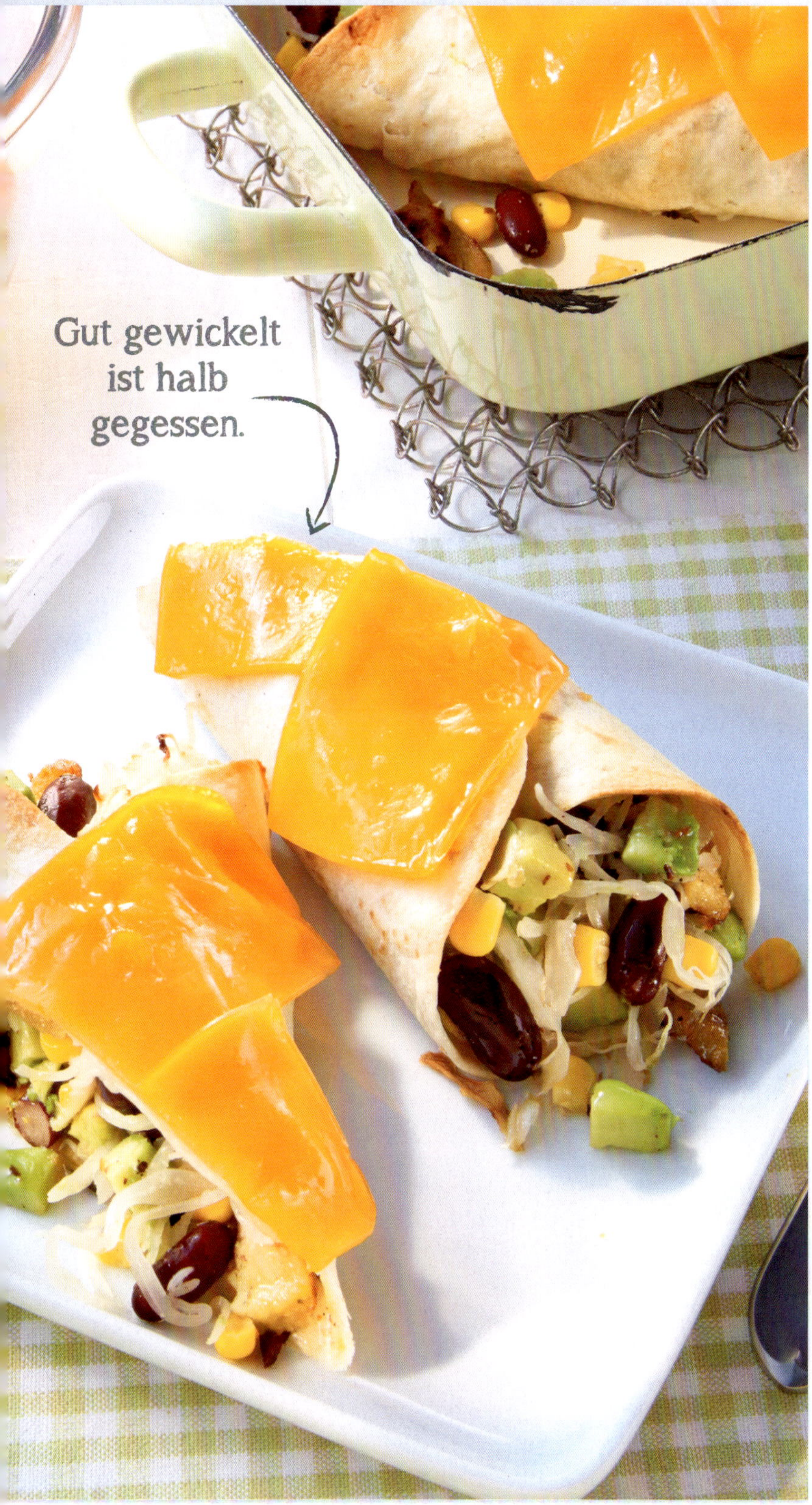

Zutaten:

40 g Margarine
400 g Lupinen-Gyros (Fertigprodukt aus Süßlupinensamen)
4 Tortilla-Wraps
60 g Kidneybohnen (aus der Dose)
60 g Mais (aus der Dose)
60 g Krautsalat
1 Avocado
4 Scheiben veganer Schmelzkäse
45 g vegane Salatcreme
45 g süß-saure Grillsoße
200 g stückige Tomaten

Zubereitung:

1. Den Backofen auf 200 °C vorheizen. Die Margarine in einer Pfanne erhitzen und das Gyros darin knusprig braun anbraten. Das Gyros gleichmäßig auf die vier Wraps verteilen.

2. Die Bohnen und den Mais abtropfen lassen. Mit dem Krautsalat auf die Wraps verteilen.

3. Die Avocado schälen, in Würfel schneiden und ebenfalls auf den Wraps verteilen. Die Wraps aufrollen und in eine Auflaufform geben.

4. Mit den Schmelzkäsescheiben belegen und im Backofen auf der mittleren Schiene 15–20 Minuten backen.

5. Die Salatcreme mit der Grillsoße und den Tomaten in einer Schüssel mischen und zu den Wraps servieren.

Herzhafte Ofenkartoffeln

 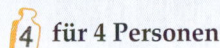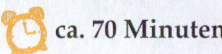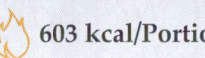
Zutaten:

4 große Kartoffeln
500 g Sauerkraut (aus der Dose)
3 EL Margarine
1–2 EL Zucker
250 ml süße Sahne
200 g Kasseler Lachsfleisch
100 g geriebener Bergkäse
Salz, Pfeffer

Zubereitung:

1. Den Backofen auf 200 °C vorheizen. Die Kartoffeln waschen, die Schale abbürsten und in reichlich kochendem Salzwasser ca. 30 Minuten vorgaren. Das Sauerkraut ausdrücken und dabei den Saft auffangen.

2. Die Margarine in einem Topf erhitzen, das Sauerkraut dazugeben, mit Zucker bestreuen und ca. 5 Minuten anschmoren. Den Sauerkrautsaft dazugießen und weitere 10 Minuten bei mittlerer Hitze schmoren. Die Sahne unterrühren und mit Salz und Pfeffer abschmecken.

3. Die Kartoffeln halbieren und mit einem Löffel leicht aushöhlen. Die ausgehöhlte Kartoffelmasse zerdrücken und zum Sauerkraut geben. Die Unterseite der Kartoffel gerade schneiden, damit sie in der Auflaufform mit ausgehöhlter Seite nach oben gut stehen kann.

4. Das Sauerkraut auf den Kartoffeln verteilen, dann das Kasseler in Streifen schneiden und darübergeben. Den Reibekäse gleichmäßig darüberstreuen und im vorgeheizten Backofen ca. 20 Minuten überbacken.

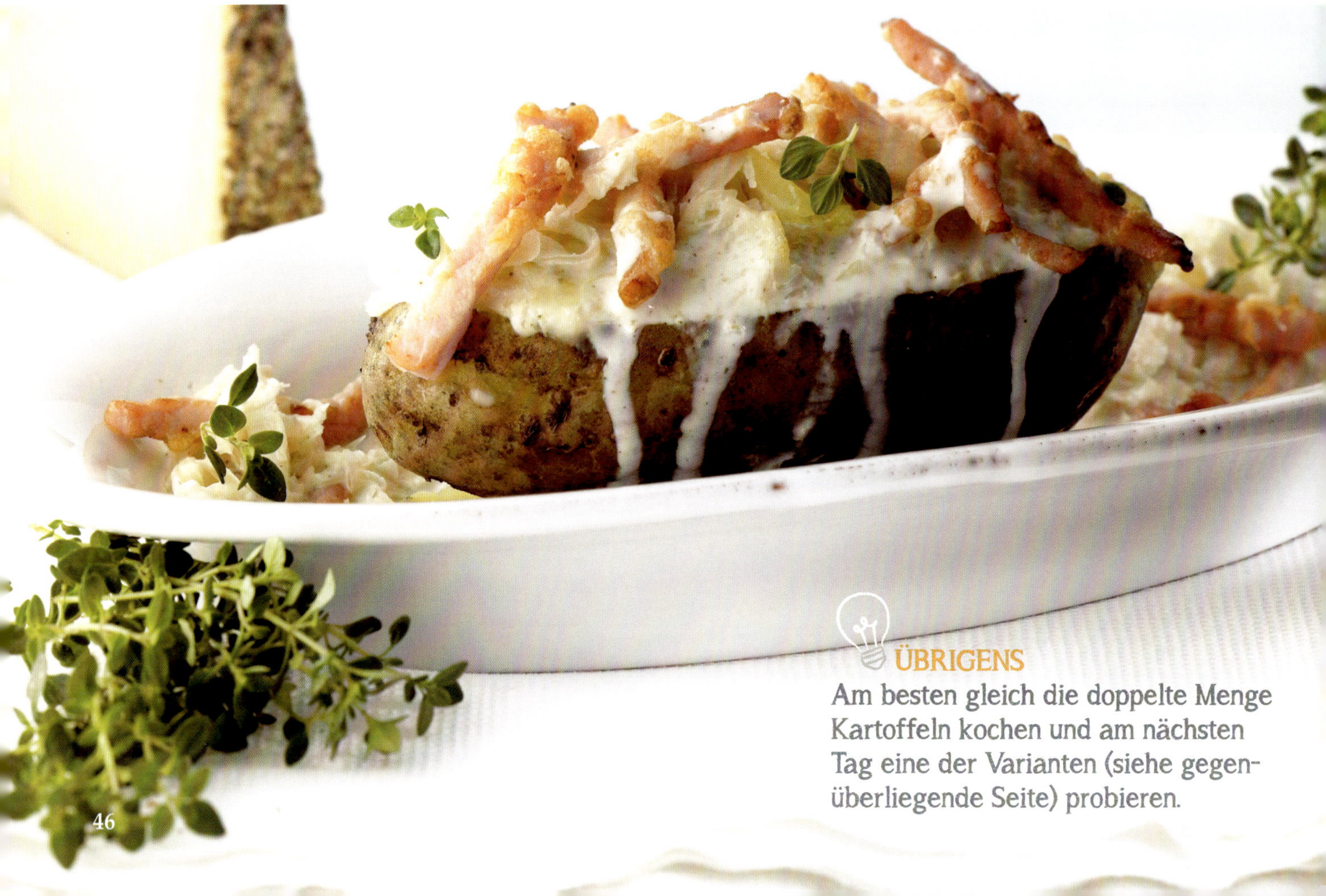

ÜBRIGENS

Am besten gleich die doppelte Menge Kartoffeln kochen und am nächsten Tag eine der Varianten (siehe gegenüberliegende Seite) probieren.

Kartoffel-Varianten

Kartoffelsalat

Zutaten:
für 4 Personen I 336 kcal/Portion

½ Topf Basilikum
½ Bund Petersilie
250 ml süße Sahne
60 g geraspelter Pecorino
500 g Kartoffeln vom Vortag
Salz, Pfeffer

1. Die gewaschenen Basilikum- und Petersilienblätter abzupfen. Den Basilikum in Streifen schneiden, die Petersilie fein hacken.

2. Die Sahne mit den Kräutern und dem Pecorino vermischen. Die Kartoffeln in Scheiben schneiden. Die Soße mit den Kartoffeln vermengen und mit Salz und Pfeffer würzen.

Backkartoffeln

Zutaten:
für 2 Personen I 242 kcal/Portion

1 EL Margarine
1 EL Zitronensaft
500 g Kartoffeln vom Vortag
1 EL abgeriebene Zitronenschale
2 EL fein gehackte Kräuter
Salz, Pfeffer

1. Den Backofen auf 220 °C vorheizen. Die Margarine schmelzen und mit dem Zitronensaft in einer Schüssel vermischen.

2. Die Kartoffeln in Stücke schneiden, mit der Margarine-Zitronen-Mischung vermischen und in eine Auflaufform geben. Ca. 20 Minuten im Ofen backen und gelegentlich wenden.

3. Wenn die Backkartoffeln goldbraun und gar sind, etwas von der Zitronenschale über die Kartoffeln streuen und mit Kräutern, Salz und Pfeffer abschmecken.

Nuss-Cantccini

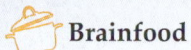 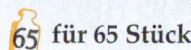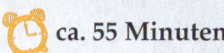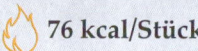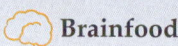
Zutaten:

500 g Mehl
250 g brauner Zucker
2 TL gemahlener Ingwer
1 Prise Salz
1 TL Backpulver
3 Eier
100 g Margarine
200 g Pekannüsse oder
 Walnüsse

Zubereitung:

1. Den Backofen auf 175 °C vorheizen. Das Mehl, den Zucker, den Ingwer, das Salz und das Backpulver vermischen. Die Eier, die Margarine und 3 Esslöffel kaltes Wasser dazugeben und alles zu einem Teig verkneten.

2. Die Nüsse einmal längs durchschneiden, zum Teig geben und unterkneten. Aus dem Teig Rollen mit 2–3 cm Durchmesser formen. Auf ein mit Backpapier ausgelegtes Backblech setzen und im vorgeheizten Ofen zunächst ca. 30 Minuten backen.

3. Die Teigrollen aus dem Backofen nehmen, kurz abkühlen lassen und vorsichtig in 1 cm dicke Scheiben schneiden. Die Scheiben wieder auf dem Blech verteilen und bei 200 °C weitere 15 Minuten backen. Die Cantuccini vom Blech nehmen und abkühlen lassen.

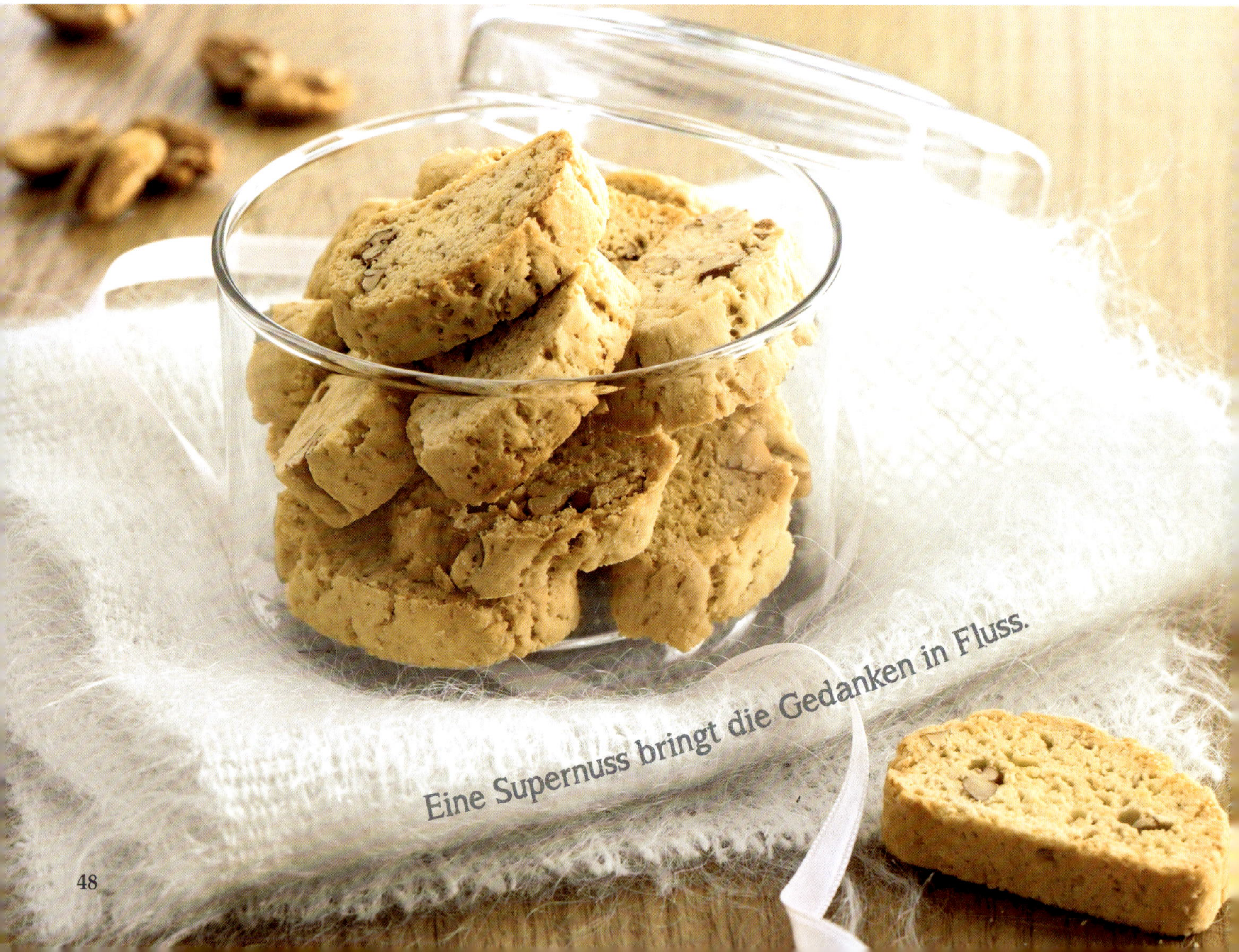

Eine Supernuss bringt die Gedanken in Fluss.

Brainf🧠🧠d-Varianten

Chili-Popcorn

Zutaten:
für 2 Personen I 257 kcal/Portion

50 g gesalzene Erdnüsse
¼ – ½ TL Chilipulver
½ TL Maiskeimöl
25 g Popcorn-Mais
Zitronensaft

1. Einen Topf erhitzen und die Erdnüsse darin bei mittlerer Hitze leicht anrösten, herausnehmen und noch warm mit etwas Chilipulver vermischen. Das Öl im Topf erhitzen und den Popcorn-Mais hinzufügen.

2. Zugedeckt bei mittlerer Hitze garen, bis die Körner aufplatzen. Wenn alle Körner aufgesprungen sind, mit den Erdnüssen vermischen und mit Zitronensaft abschmecken.

Erdnuss-Kugeln

Zutaten:
für 20 Stück I 79 kcal/Stück

240 g Müsli
40 g gehackte Erdnüsse
40 g Cranberrys
40 g Rosinen
25 g Weizenkleie
2 EL Kürbiskerne
2 EL Kokosraspel
125 g Honig
125 g Erdnusscreme

1. Das Müsli, die Erdnüsse, die Cranberrys, die Rosinen, die Weizenkleie, die Kürbiskerne und die Kokosraspel in einer Schüssel vermischen.

2. Den Honig in einem Topf aufkochen, 30 Sekunden kochen lassen, die Erdnusscreme unterrühren und mit der Müslimischung vermengen. Aus der Mischung Kugeln formen und ca. 30 Minuten kühl stellen, bis sie fest sind.

Rindfleisch aus dem Wok

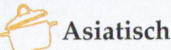 Asiatisch   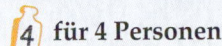 für 4 Personen   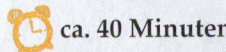 ca. 40 Minuten   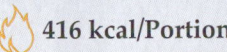 416 kcal/Portion   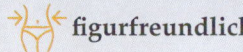 figurfreundlich

ÜBRIGENS

Für den typisch asiatischen Geschmack etwas Sesam beim Fleischanbraten hinzugeben und zum Schluss mit etwas Chili abschmecken.

Zutaten:

600 g Rindfleisch
je 1 kleine rote, gelbe und
    grüne Paprikaschote
150 g Karotten
1 kleine Stange Lauch
1 Zucchini
1 Aubergine
1 Zwiebel
1 Knoblauchzehe
Sesamöl
250 ml Rinderbrühe
Salz, Pfeffer

Zubereitung:

1. Das Rindfleisch waschen und in Streifen schneiden. Das Gemüse waschen, putzen und in mundgerechte Stücke schneiden. Die Zwiebel und den Knoblauch abziehen und fein hacken.

2. Einige Tropfen Öl im Wok stark erhitzen und das Fleisch goldgelb anbraten. Das Fleisch aus dem Wok nehmen und warm halten.

3. Alle weiteren Zutaten in den Wok geben und weiterhin auf hoher Flamme schwenken. Die Rinderbrühe hinzufügen und gut unterrühren. Zum Schluss das Fleisch und noch ein paar Tropfen Öl unterziehen. Mit etwas Salz und Pfeffer abschmecken.

Asiatische Kokossuppe mit Hähnchen

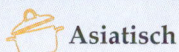 Asiatisch   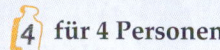 für 4 Personen   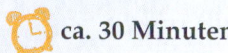 ca. 30 Minuten   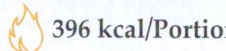 396 kcal/Portion   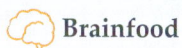 Brainfood

Zutaten:

1 Kohlrabi
4 Karotten
150 g Zuckerschoten
2 Zwiebeln
40 g Ingwer
2 EL Rapsöl
400 ml Kokosmilch
400 ml Gemüsebrühe
1 Tüte Laksapaste
   (indonesische Würzpaste)
250 g Hähnchenbrustfilet
3 EL Soßenbinder für
   helle Soßen
1 Bund Lauchzwiebeln
1 Bund Koriandergrün

Zubereitung:

1. Den Kohlrabi und die Karotten schälen, die Zuckerschoten putzen und alles klein schneiden. Die Zwiebeln abziehen und würfeln. Den Ingwer schälen und fein reiben.

2. Das Öl in einem großen Topf erhitzen. Die Zwiebeln und den Ingwer nur kurz darin andünsten. Dann das Gemüse dazugeben und ebenfalls 3–4 Minuten andünsten. Mit der Kokosmilch und der Brühe ablöschen und die Laksapaste einrühren.

3. Das Hähnchenfleisch unter kaltem Wasser abspülen, mit Küchenkrepp trocken tupfen und in Streifen schneiden. In die Suppe geben und 5 Minuten darin ziehen lassen. Den Soßenbinder in die heiße Suppe einrühren und 1 Minute kochen lassen.

ÜBRIGENS
Vegetarische Variante: Statt Hähnchenfleisch eine Handvoll geröstete Cashewkerne dazugeben.

Wer hat die Kokosnuss geklaut?

4. Die Lauchzwiebeln putzen und in Ringe schneiden. Die Korianderblättchen von den Stielen zupfen. Die Suppe in Teller oder Schalen füllen und mit Lauchzwiebeln und Koriander bestreut servieren.

Pizza Quattro Stagioni

 Pizza   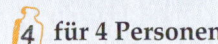 für 4 Personen   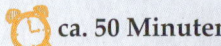 ca. 50 Minuten   758 kcal/Portion    preiswert

Zutaten:

100 g Champignons
1 kleine rote Zwiebel
2 Knoblauchzehen
1 Packung Pizzateig-Backmischung
1 Packung passierte Tomaten
  mit Kräutern
100 g Spinat (tiefgekühlt)
40 g Salami
80 g Thunfisch in Öl
150 g Pizza-Käse
Salz, Pfeffer

Zubereitung:

1. Die Champignons putzen und in Scheiben schneiden. Die Zwiebel und den Knoblauch abziehen, schälen und in Scheiben schneiden. Den Backofen auf 200 °C vorheizen. Die Pizza-Backmischung nach Packungsanleitung zu einem glatten Teig verarbeiten, bis sich dieser vom Schüsselrand löst.

2. Den Teig kurz mit den Händen durchkneten, halbieren, auf Backpapier zu zwei runden Pizzaböden ausrollen und auf Backbleche legen. Die passierten Tomaten dünn auf die Teige verstreichen und mit Salz und Pfeffer würzen.

3. Die Pilze und den aufgetauten Spinat auf jeweils einem Pizza-Viertel verteilen. Den Knoblauch über den Spinat und die Pilze geben. Ein weiteres Viertel mit Salami und das letzte mit abgetropftem Thunfisch und Zwiebelringen belegen. Mit dem Pizza-Käse bestreuen und im vorgeheizten Backofen 20–30 Minuten backen.

Schmeckt wie bei Luigi!

Gefüllte Pizzataschen

Pizza | für 16 Stück | ca. 40 Min. + 30 Min. Ruhezeit | 161 kcal/Stück | preiswert

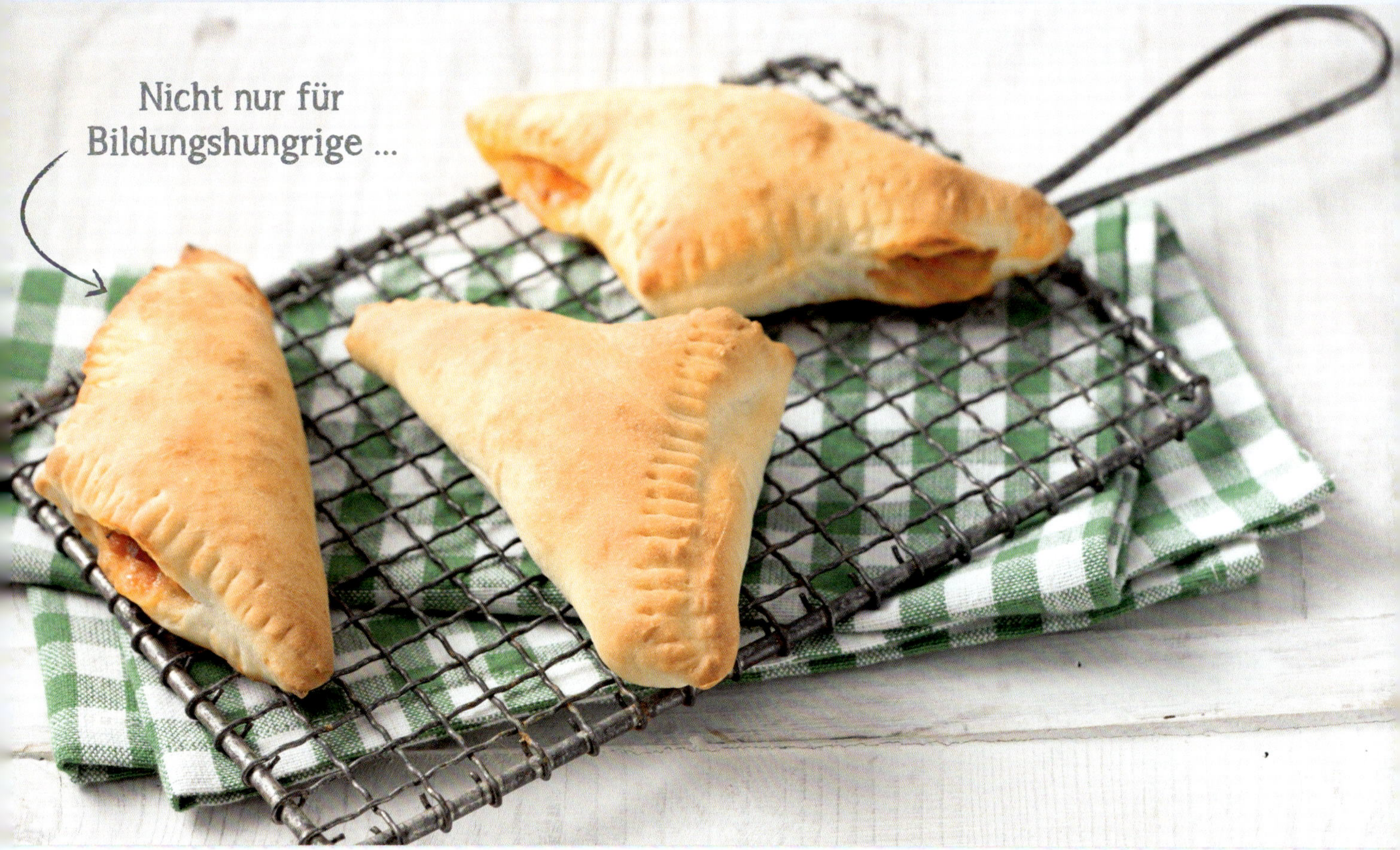
Nicht nur für
Bildungshungrige ...

Zutaten:

400 g Mehl
1 Päckchen Trockenhefe
50 g Margarine
250 ml lauwarme Milch
100 g Salami
100 g Kochschinken
½ Packung stückige Tomaten
Zucker, Salz

Zubereitung:

1. Das Mehl und die Hefe gut miteinander vermischen. Mit 1 Teelöffel Salz und 1 Teelöffel Zucker, der Margarine und der Milch zu einem glatten Teig verarbeiten. Abgedeckt mit einem leicht feuchten Tuch an einem warmen Ort ca. 30 Minuten gehen lassen.

2. Die Salami und den Schinken in kleine Würfel schneiden, mit den passierten Tomaten vermengen und mit Salz und Pfeffer würzen. Den Backofen auf 220 °C vorheizen und 2 Backbleche mit Backpapier auslegen.

3. Den Teig durchkneten und auf einer bemehlten Arbeitsfläche etwa 5 mm dünn ausrollen. In ca. 16 Quadrate schneiden, dabei die Teigreste verkneten und neu ausrollen.

4. Auf jedes Quadrat mittig 1 gehäuften Teelöffel Füllung setzen, zu einem Dreieck umklappen und am Rand mit einer Gabel festdrücken. Die Pizzataschen auf die Backbleche setzen und 10–15 Minuten backen, bis die Oberfläche leicht gebräunt ist.

Tiramisu *Originale*

 Süßes   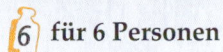 für 6 Personen   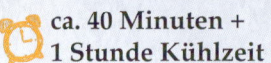 ca. 40 Minuten + 1 Stunde Kühlzeit   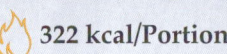 322 kcal/Portion    preiswert

Zutaten:

3 Eier
100 g Zucker
250 ml süße Sahne
2 EL Puderzucker
250 g gekühlter Mascarpone
250 g Löffelbiskuit
200 ml kalter Espresso
2 EL Kakaopulver

Zubereitung:

1. Die Eier trennen und die Eigelbe glatt rühren, die Eiweiße werden nicht benötigt. Den Zucker und 2 Esslöffel Wasser in einem kleinen Topf bei mittlerer Hitze erwärmen, bis sich ein klarer Sirup gebildet hat.

2. Den heißen Sirup unter Rühren auf höchster Stufe unter das Eigelb schlagen. 5 Minuten weiterschlagen, bis sich eine helle Masse gebildet hat. Die Masse für 5 Minuten kalt stellen.

3. Die Sahne mit dem Puderzucker steif schlagen. Den Mascarpone unter die Ei-Masse rühren. Die steife Sahne dazugeben und behutsam unter die Mascarpone-Masse heben. Die Creme kalt stellen, dabei aber nicht abdecken.

4. Die Hälfte des Löffelbiskuits von beiden Seiten kurz in den Espresso tunken und den Boden der Form damit auslegen. Die Hälfte der Creme mit dem Löffel auf den Biskuit streichen. Die restliche Creme wieder kalt stellen.

5. Den restlichen Löffelbiskuit ebenfalls von beiden Seiten kurz in den Espresso tunken und eine zweite Schicht auf der Creme auslegen. Die restliche Creme mit dem Spritzbeutel in dicken Tupfen aufspritzen. Das Tiramisu mit Kakaopulver bestäuben und mindestens 1 Stunde kühlen.

Zieh mich hoch!

Kaiserschmarrn
mit Kirschen

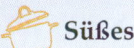 Süßes
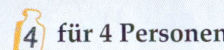 4 für 4 Personen
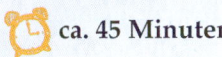 ca. 45 Minuten
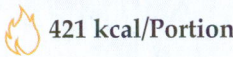 421 kcal/Portion
 preiswert

Zutaten:

60 g Zucker
1 Päckchen Vanillezucker
4 Eier
1 Prise Salz
50 g Mehl
2 EL Naturjoghurt
1 TL abgeriebene Zitronenschale
60 g weiche Butter
15 g Mandelblättchen
150 g Waldfrucht-Konfitüre
300 g Sauerkirschen
1 EL Puderzucker zum Bestäuben

Kann auch Untergebenen serviert werden.

Zubereitung:

1. Den Backofen auf 200 °C vorheizen. 40 g Zucker mit dem Vanillezucker mischen. Die Eier trennen und das Eiweiß mit dem Salz unter langsamer Zugabe des Zuckers zu steifem Schnee schlagen.

2. Das Mehl sieben und mit dem Joghurt, der Zitronenschale und dem Eigelb gleichmäßig vorsichtig unter den Eischnee heben. 30 g der Butter in einer Pfanne schmelzen lassen, den Teig in die Pfanne geben und die Mandelblättchen daraufstreuen.

3. Den Schmarrn bei mittlerer Hitze 4–6 Minuten vorbacken. Dann im vorgeheizten Backofen 8–10 Minuten zu Ende backen.

4. Die Waldfrucht-Konfitüre in einem Topf bei kleiner Hitze auflösen, die Kirschen unterheben und bei geringer Hitze heiß werden lassen. Den Schmarrn aus der Pfanne auf ein Brett gleiten lassen und mit zwei Gabeln zerreißen.

5. Den restlichen Zucker in der restlichen Butter bei geringer Hitze auflösen und die Schmarrnstücke darin leicht schwenken. Mit Puderzucker bestäuben und mit den Kirschen servieren.

Apfelkompott

mit Heidelbeeren und Streuseln

 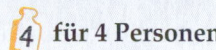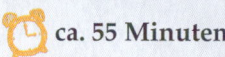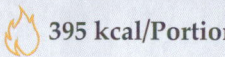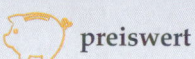
Zutaten:

3 Äpfel
100 g Margarine
100 ml Orangensaft
60 g brauner Zucker
2 TL Zimt
100 g Mehl
1 Päckchen Vanillezucker
125 g Heidelbeeren

Zubereitung:

1. Die Äpfel schälen, vierteln, entkernen und in Scheibchen oder Stücke schneiden. 25 g der Margarine erhitzen und die Apfelscheibchen kurz darin andünsten. Den Orangensaft hinzufügen und mit den Äpfeln etwa 10 Minuten einköcheln lassen.

2. Für die Streusel den Zucker und den Zimt miteinander vermischen. Mit dem Mehl und der restlichen Margarine verkneten, bis eine krümelige Streusel-Masse entstanden ist. Den Backofen auf 200 °C vorheizen.

3. Den Vanillezucker und die Heidelbeeren zu den Äpfeln dazugeben und unterrühren. Die Mischung mit dem Sud auf 4 ofenfeste Förmchen verteilen. Die Streusel daraufgeben und im vorgeheizten Backofen 30–35 Minuten goldbraun backen. Etwas abkühlen lassen und warm servieren.

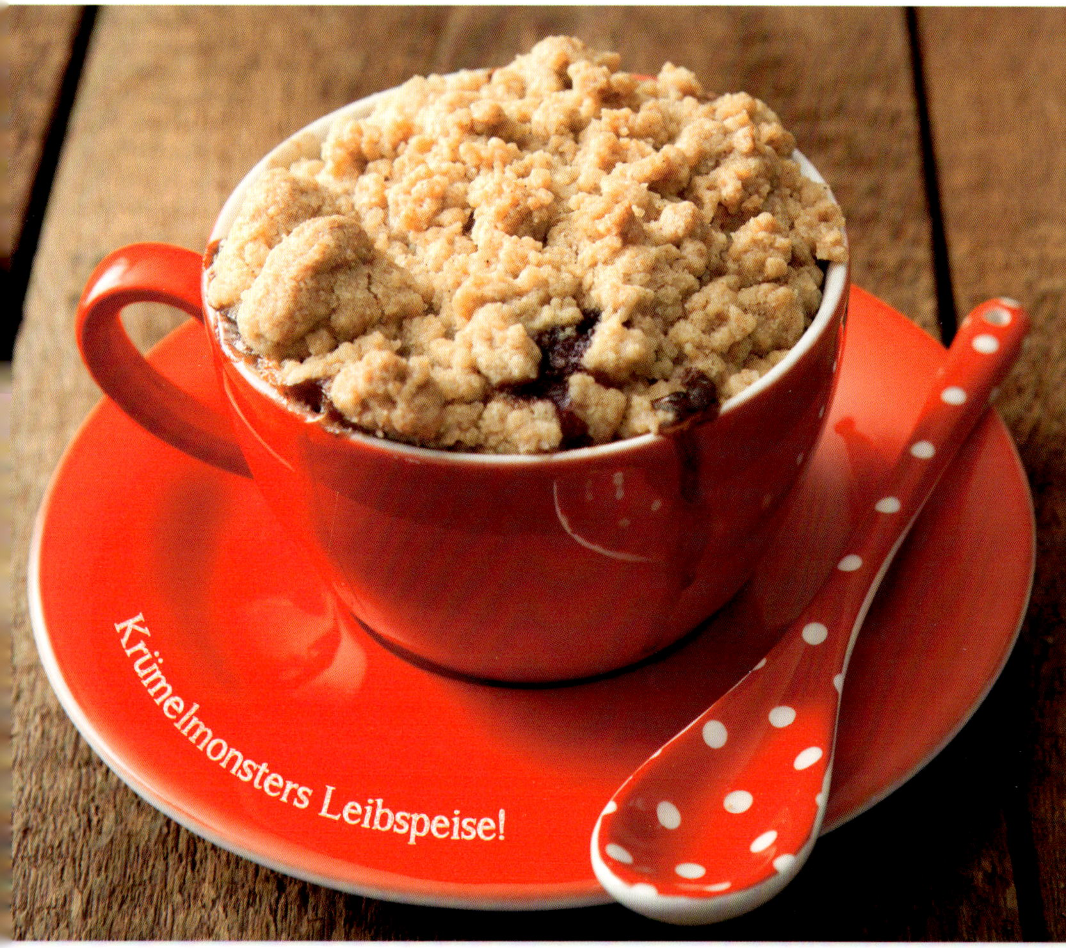

ÜBRIGENS
Zu dem warmen Kompott passt sehr gut eine Kugel Vanilleeis.

Krümelmonsters Leibspeise!

Reibekchen mit
Apfel-Birnen-Kompott

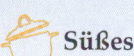 Süßes   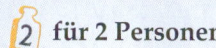 für 2 Personen   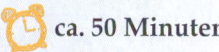 ca. 50 Minuten   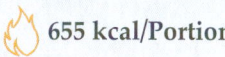 655 kcal/Portion    preiswert

Weckt Kindheits-
erinnerungen.

Zutaten:

Für das Kompott:
1 Apfel und 1 Birne
2–3 TL Zitronensaft
100 ml Apfelwein
20 g Zucker, ½ Zimtstange
½ Vanilleschote
25 g gehackte Mandeln

Für die Reibekuchen:
500 g Kartoffeln
1 Zwiebel, 1 Ei
1 ½ EL Mehl
2–3 EL Öl
Muskat
Majoran und Kerbel
Salz, Pfeffer

Zubereitung:

1. Den Apfel und die Birne waschen, halbieren, das Kerngehäuse entfernen und das Obst in Würfel schneiden. Mit dem Zitronensaft, dem Apfelwein, dem Zucker, der Zimtstange und der aufgeschnittenen Vanilleschote aufkochen und abgedeckt ca. 20 Minuten garen. Die Zimtstange und die Vanilleschote entfernen.

2. Die Kartoffeln schälen, die Zwiebel abziehen und beides mit einer Küchenreibe fein reiben. Mit dem Ei und dem Mehl vermengen und mit Salz, Pfeffer, Muskat, Majoran und Kerbel würzen. Die Mandeln in einer beschichteten Pfanne ohne Fett rösten.

3. Das Öl in einer Pfanne erhitzen und aus dem Teig nach und nach knusprige goldbraune Reibekuchen braten. Die Reibekuchen mit dem Kompott anrichten und das Kompott mit den gerösteten Mandeln bestreuen.

Pfannkuchen

mit diversen Füllungen

Süßes   6 für 6 Stück   ca. 20 Minuten + 15 Min. Ruhezeit   249 kcal/Stück   preiswert

Zutaten:

125 g Mehl
125 g Speisestärke
1 Prise Salz
300 ml Milch
3 Eier, 2 EL Pflanzenöl

Zubereitung:

1. Das Mehl, die Speisestärke und das Salz in einer Schüssel vermischen. Zuerst die Milch und dann die Eier nacheinander unterrühren. Den Teig für 15 Minuten ruhen lassen.

2. Eine beschichtete Pfanne mit ein wenig Pflanzenöl auspinseln und bei mittlerer Hitze nacheinander 6 dünne Pfannkuchen ausbacken.

Variantenreicher Tausendsassa

Pfannkuchen kann man nach Herzenslust variieren, indem man sie mit den unterschiedlichsten Füllungen abwandelt, frische Zutaten hineinbackt oder für einen lecker gefüllten Wrap verwendet, zum Beispiel:

- mit Marmelade bestreichen und zusammenrollen
- mit Ahornsirup oder Honig beträufeln
- mit einer Zimt-Zucker-Mischung bestreuen
- kleine Apfelwürfel hineinbacken
- einen frischen grünen Salat dazu servieren
- mit Reibekäse bestreuen und zusammenrollen
- klein geschnittene Pilze und gehackte Kräuter hineinbacken
- dünne Wurstscheiben hineinbacken
- frisches Gemüse klein schneiden und je nach Geschmack mit Fleisch- oder Fischstückchen und einer Joghurtsoße in den Pfannkuchen einrollen

ÜBRIGENS
Buttermilch statt Milch gibt ein säuerliches Aroma.

Schoko-Chili-Kekse
mit Pekannüssen

Süßes | für 24 Stück | ca. 35 Minuten | 147 kcal/Stück | Brainfood

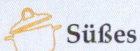

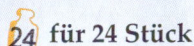

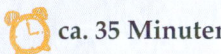

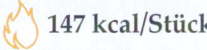

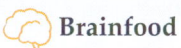

Machen auch langweilige Vorlesungen erträglich.
ÜBRIGENS
Die Pekannüsse könnt ihr auch gegen andere Nusssorten austauschen.

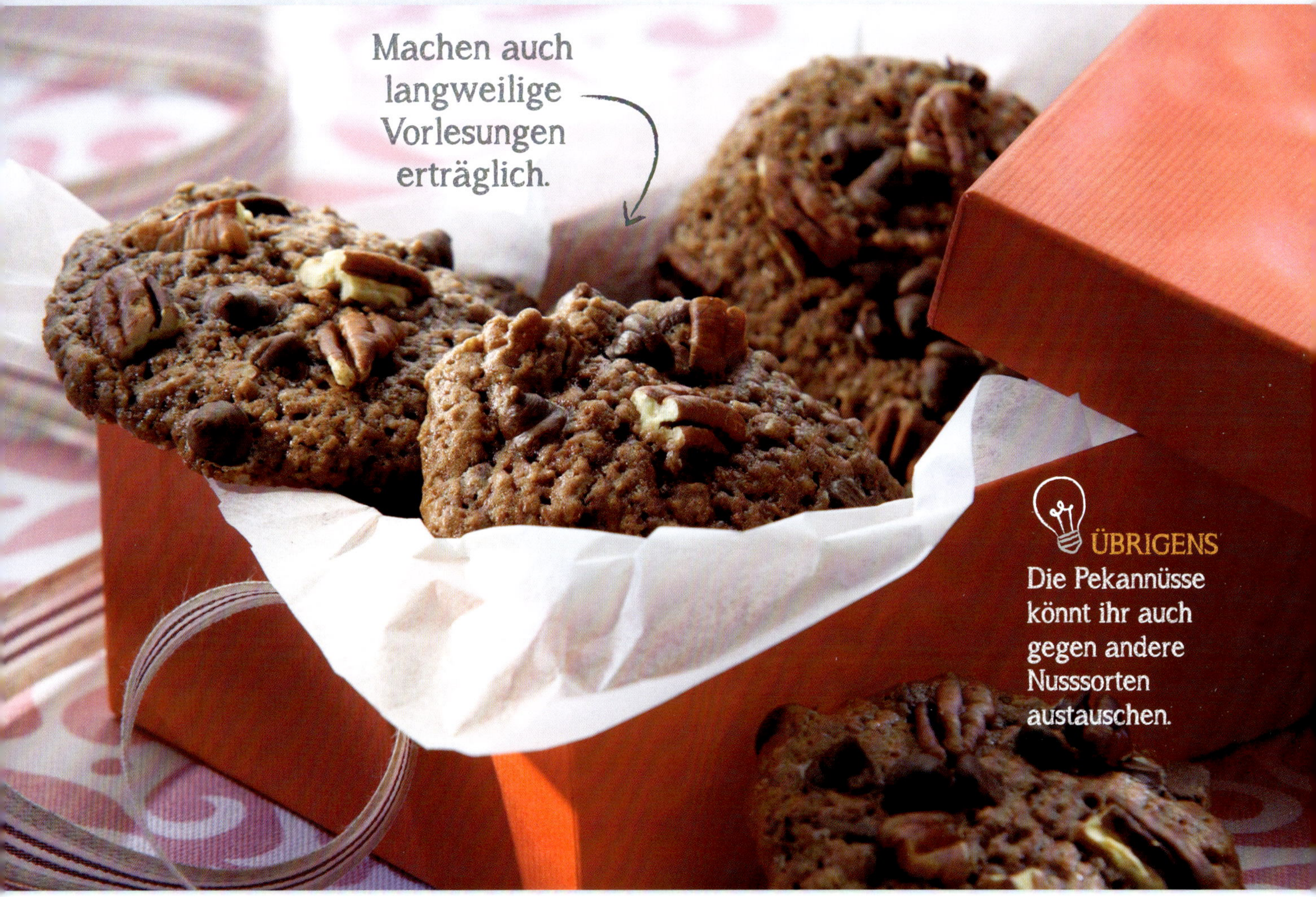

Zutaten:

1–2 kleine rote Chilischoten
100 g Pekannüsse
150 g Mehl
1 TL Backpulver
2 TL Kakaopulver
50 g Schmelzflocken
150 g Margarine
125 g brauner Zucker
1 Prise Salz
1 Ei
75 g Schokoladentropfen

Zubereitung:

1. Den Backofen auf 180 °C vorheizen. Die Chilischoten waschen, entkernen und klein schneiden. Die Pekannüsse vierteln. Das Mehl, das Back- und das Kakaopulver miteinander vermischen, durchsieben und mit den Schmelzflocken vermengen.

2. Die Margarine, den Zucker und das Salz schaumig schlagen. Erst das Ei und dann die Mehlmischung unterrühren. Zuletzt die Chili- und Nussstücke sowie die Schokoladentropfen mit einem Kochlöffel unterheben.

3. Die Masse mit zwei Teelöffeln als „dicke Taler“ mit ca. 5 cm Durchmesser und 2 cm Höhe mit ausreichend Abstand auf ein mit Backpapier ausgelegtes Backblech setzen. Ca. 13 Minuten im vorgeheizten Backofen backen.

Involtini in Marsalasoße

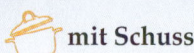 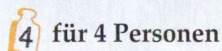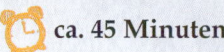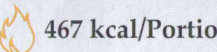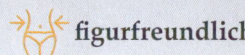
Zutaten:

8 dünne Kalbsschnitzel
80 g Parmaschinken
80 g Parmesan
8–16 große Salbeiblätter
2 EL Olivenöl
150 ml Marsala
400 ml Kalbsfond
5 EL Soßenbinder für
  dunkle Soßen
Salz, Pfeffer

Zubereitung:

1. Die Kalbsschnitzel flach klopfen, nebeneinander ausbreiten, mit Salz und Pfeffer würzen und mit dem Parmaschinken belegen. Den Parmesan darüberhobeln und jeweils 1–2 Salbeiblätter darauflegen. Die Kalbsschnitzel aufrollen und mit Holzspießchen feststecken.

2. Das Olivenöl in einer beschichteten Pfanne erhitzen und die Involtini darin ringsum anbraten. Mit dem Marsala ablöschen und bis auf die Hälfte einkochen lassen. Den Kalbsfond angießen und die Involtini darin etwa 15 Minuten garen.

3. Den Soßenbinder in den Fond einrühren und 1 Minute köcheln lassen. Die Soße mit Salz und Pfeffer abschmecken.

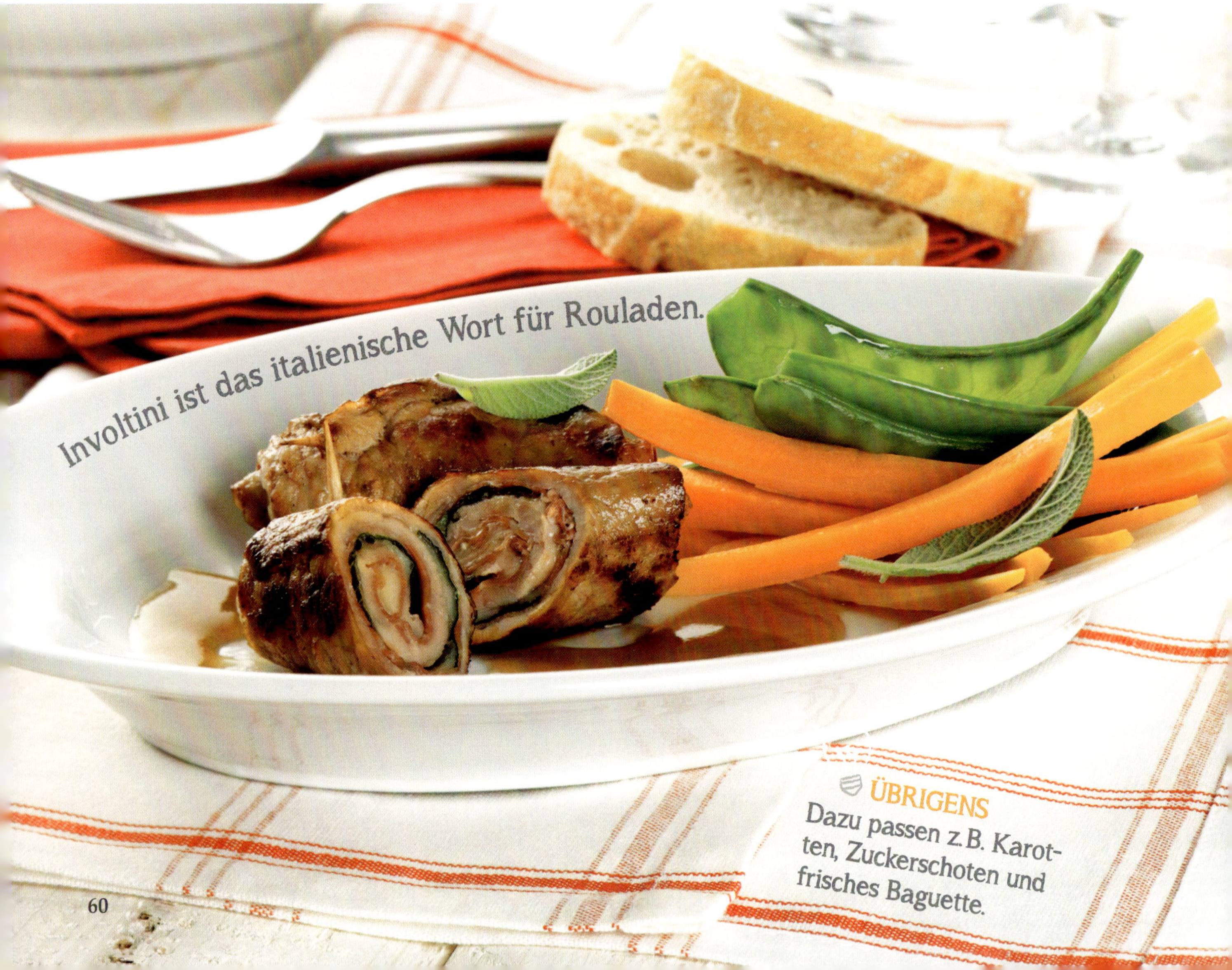

Involtini ist das italienische Wort für Rouladen.

ÜBRIGENS
Dazu passen z.B. Karotten, Zuckerschoten und frisches Baguette.

Wein-Creme-Suppe

mit Schuss | für 4 Personen | ca. 30 Minuten | 426 kcal/Portion | vegetarisch

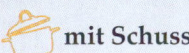

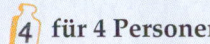

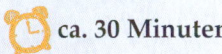

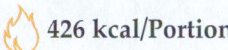

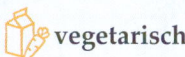

Da kommt reiner Wein rein!

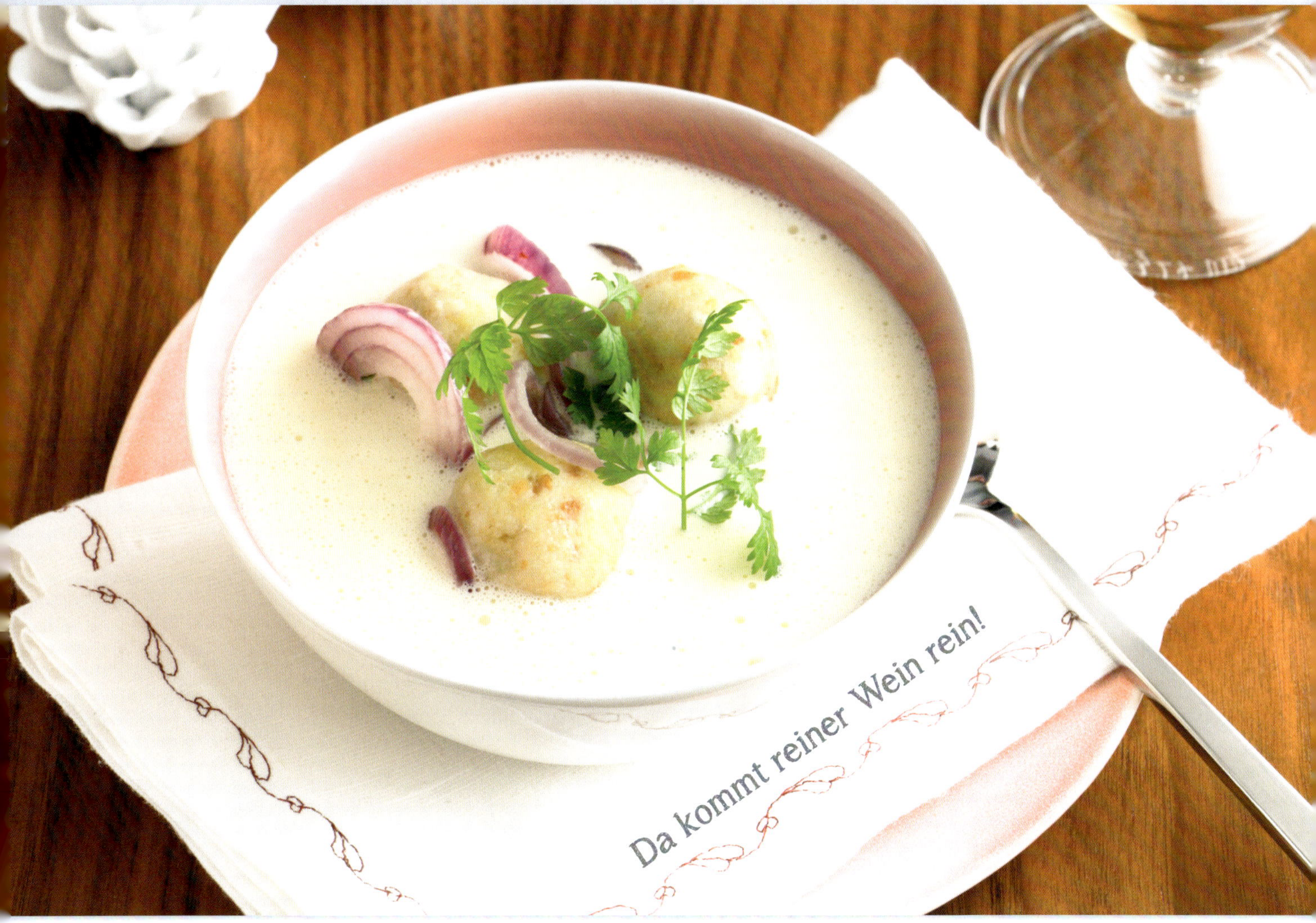

Zutaten:

500 ml Weißwein (z. B. Riesling)
500 ml Gemüsebrühe
30 g Zucker
1–2 EL Zitronensaft
1 EL Speisestärke
1 TL mittelscharfer Senf
2 Eigelbe
125 ml süße Sahne
1 Packung Mini-Semmelknödel
Salz

Zubereitung:

1. Den Wein mit der Gemüsebrühe, dem Zucker und dem Zitronensaft zum Kochen bringen.

2. Die Speisestärke mit etwas Wasser und dem Senf anrühren, unter Rühren hinzufügen und kurz aufkochen lassen.

3. Die Eigelbe mit der Sahne verrühren. Die Suppe vom Herd nehmen, die Eigelb-Sahne einrühren (nicht mehr kochen lassen) und mit Salz abschmecken.

4. Inzwischen die Semmelknödel nach Packungsanweisung zubereiten, garen und in ein Sieb abgießen. Die Weißwein-Creme-Suppe auf Teller verteilen und die Knödel in die Suppe geben.

C*mp*ri-Creme
mit Beerenmix

 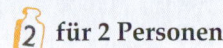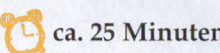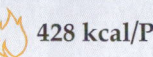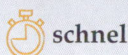

Zutaten:

150 g Beerenmischung (tiefgekühlt)
45 g Zucker
½ Päckchen Vanillezucker
250 g Dickmilch
2 EL Campari
½ EL Grenadine
125 ml süße Sahne

Zubereitung:

1. Die Beeren mit 1 Esslöffel Zucker und dem Vanillezucker mischen und auftauen lassen. Die Dickmilch mit dem Campari, der Grenadine und dem restlichen Zucker verrühren.

2. Die Sahne steif schlagen und vorsichtig unter die Dickmilch-Mischung heben. Die Creme abwechselnd mit den aufgetauten, abgetropften Beeren in 2 Portionsgläser schichten.

ÜBRIGENS
Richtig cool wird das Dessert, wenn die Beeren noch halb gefroren sind.

Obstsalat mit Prosecco-Gelee

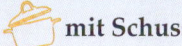 mit Schuss   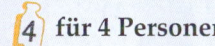 für 4 Personen    ca. 25 Minuten + 1 Stunde Kühlzeit   223 kcal/Portion   figurfreundlich

Zutaten:

Für den Obstsalat:

2 Pfirsiche
400 g Melone
200 g Kirschen

Für das Prosecco-Gelee:

6 Blatt weiße Gelatine
350 ml Prosecco
2 EL Zucker
16 Himbeeren (tiefgekühlt)

Zubereitung:

1. Die Pfirsiche waschen und entkernen. Die Melone schälen und ebenfalls entkernen. Die Kirschen waschen und entsteinen. Die Melone und die Pfirsiche in mundgerechte Stücke schneiden und mit den Kirschen mischen.

2. Die Gelatine in kaltem Wasser 5 Minuten einweichen und den Prosecco zusammen mit dem Zucker in einem Topf kurz erwärmen. Die gut ausgedrückte Gelatine einrühren und darin auflösen.

3. Die Himbeeren in 4 mit Klarsichtfolie ausgelegte Förmchen verteilen, den Prosecco darübergießen und kalt stellen. Das Prosecco-Gelee vorsichtig aus den Förmchen lösen, auf Teller stürzen und mit dem Obstsalat servieren.

Strawberry Colada

Cocktails | für 2 Cocktails | ca. 15 Minuten | 339 kcal/Portion | schnell

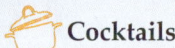

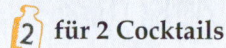

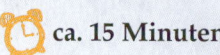

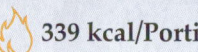

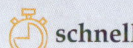

Zutaten:

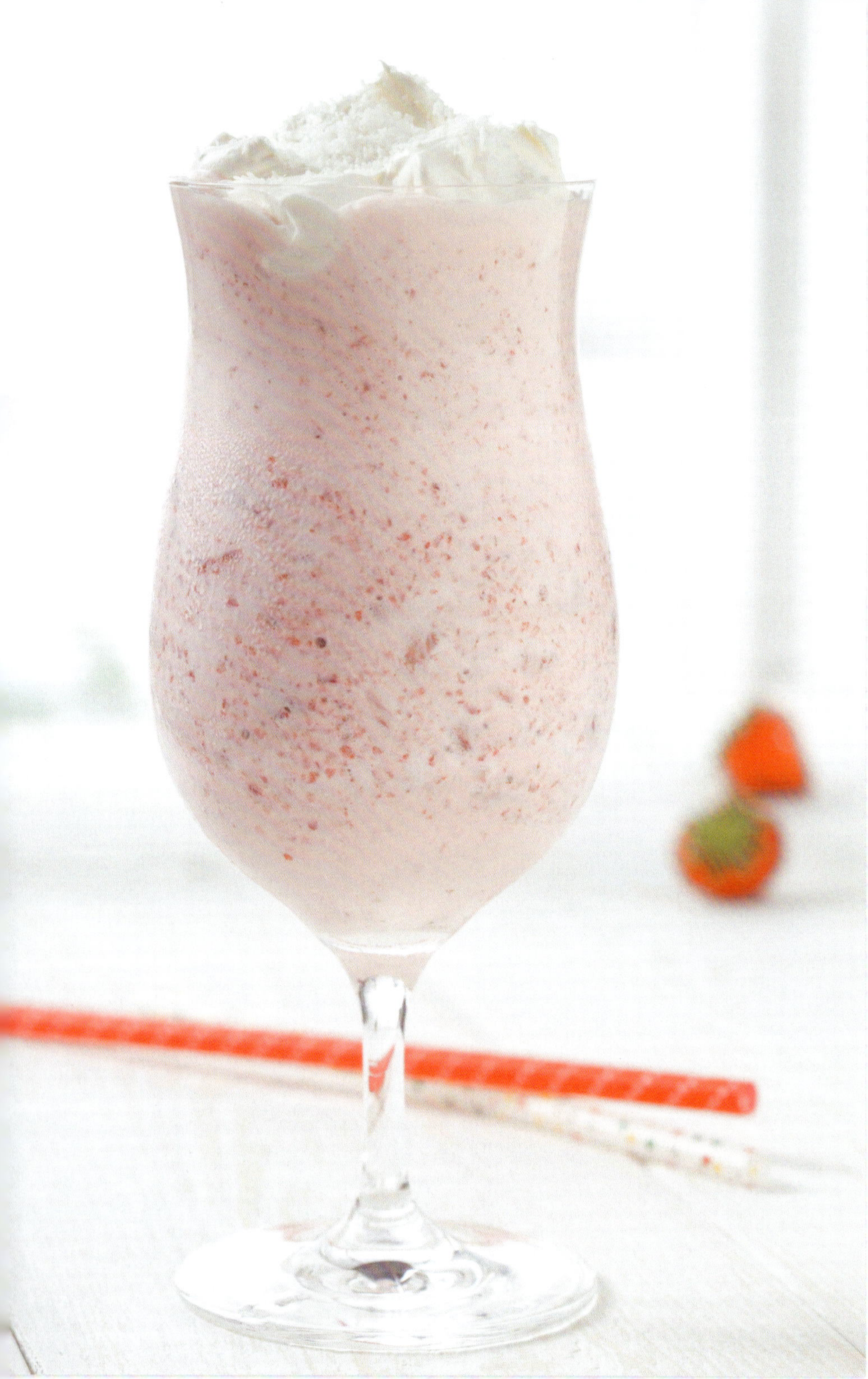

250 g Erdbeeren
250 ml süße Sahne
Crushed Ice
20 g Kokosraspel
2 EL Puderzucker

Zubereitung:

1. Die Erdbeeren putzen und mit 125 ml Sahne und dem Puderzucker fein pürieren. 2 Gläser mit Crushed Ice füllen, die Erdbeer-Sahne darübergeben und eventuell durchrühren.

2. Die restliche Sahne mit den Kokosraspeln und 1 Esslöffel Puderzucker steif schlagen und auf die Strawberry Colada geben.

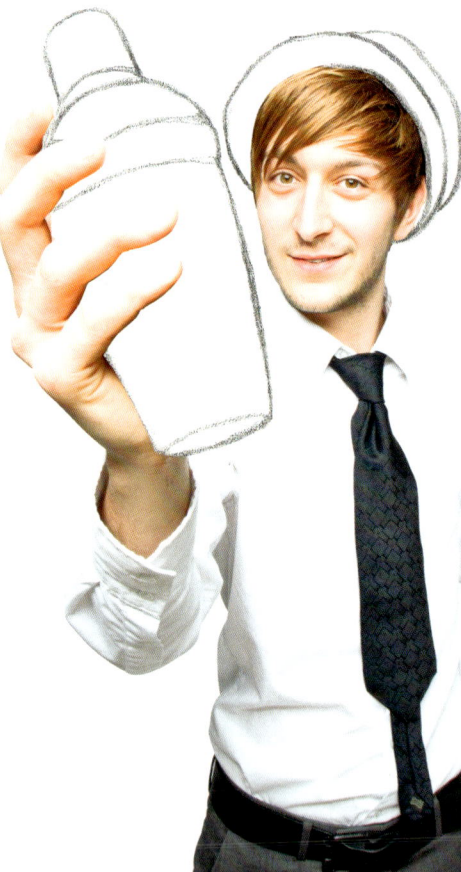

Cuba Libre

Zutaten:

für 1 Cocktail I 254 kcal/Portion

einige große Eiswürfel
½ unbehandelte Limette
6 cl Rum
100 ml Cola

Zubereitung:

Die Eiswürfel in ein Glas geben und die Limette über dem Glas auspressen. Den Rum dazugeben und alles mit dem Barlöffel einige Male umrühren. Mit der Cola auffüllen und mit einer Limettenscheibe garnieren.

Mojito

Zutaten:

für 1 Cocktail I 216 kcal/Portion

frische Minzblätter
½ Limette in Scheiben
brauner Rohrzucker
6 cl weißer Rum
4 cl Lime Juice
Crushed Ice
Sodawasser
Minzezweig

Zubereitung:

Die Minzblätter, die Limettenscheiben und den Rohrzucker in ein Glas geben und mit dem Barlöffel leicht andrücken. Den Rum und den Lime Juice dazugeben und mit reichlich Crushed Ice verrühren. Mit Sodawasser aufgießen und mit der Minze und einer Limettenscheibe garnieren.

Swimming Pool

Zutaten:

für 1 Cocktail I 411 kcal/Portion

3 cl weißer Rum
2 cl Wodka
5 cl Ananassaft
5 cl Kokosnusscreme
1 cl süße Sahne
1 cl Blue Curaçao
Crushed Ice
tropische Früchte

Zubereitung:

Alle Zutaten bis auf den Blue Curaçao mit dem Crushed Ice im Mixer mixen und in ein Ballonglas mit Crushed Ice abseihen. Den Blue Curaçao vorsichtig ins Glas laufen lassen und mit tropischen Früchten dekoriert servieren.

Tequila Sunrise

Zutaten:

für 1 Cocktail I 262 kcal/Portion

4 cl Tequila
10 cl Orangensaft
1 cl Zitronensaft
2 cl Grenadine
einige Eiswürfel
Crushed Ice

Zubereitung:

Den Tequila, den Orangen- und den Zitronensaft mit den Eiswürfeln im Shaker schütteln und in ein mit Crushed Ice gefülltes Ballonglas abseihen. Die Grenadine darüberlaufen lassen und mit einer Orangenscheibe garnieren. Vor dem Trinken umrühren.

Gegen Erkältung – Hühnersuppe

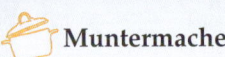 Muntermacher 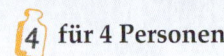 für 4 Personen  ca. 130 Minuten 892 kcal/Portion  preiswert

Zutaten:

1 Bund Suppengrün
  (Karotten, Lauch,
  Sellerie)
1 Knoblauchzehe
1 Zwiebel
50 g Ingwer
1 Hähnchen, ca. 1,2 kg
  (frisch oder tiefgekühlt)
200 g Suppennudeln
Petersilienblättchen
Salz, Pfeffer

Zubereitung:

1. Das Suppengrün waschen, putzen und klein schneiden. Den Knoblauch und die Zwiebel abziehen, den Ingwer schälen und alles in kleine Würfel schneiden. In einen Suppentopf geben, mit 4 l Wasser auffüllen und je 2 Teelöffel Salz und Pfeffer hinzufügen. Den Topf mit dem Deckel schließen und kurz aufkochen lassen.

2. Das Hähnchen waschen und die Innereien entnehmen. Die Hitze reduzieren und das Hähnchen in den Topf geben. Bei gleichbleibend niedriger Hitze ca. 1½ Stunden garen, dabei hin und wieder wenden. Wer mag, kann die Innereien für die letzte halbe Stunde hinzufügen und alles zusammen garen.

3. Das Hähnchen aus dem Topf nehmen und etwas abkühlen lassen. Das Hähnchenfleisch von den Knochen lösen und in kleine Stückchen schneiden. Die Haut aussortieren. Die Innereien klein schneiden und mit den Hähnchenstücken der Brühe als Beilage hinzufügen. Die Nudeln in einem separaten Topf nach Packungsanweisung bissfest garen und ebenfalls hinzufügen. Mit Petersilie bestreut servieren.

Katerfrühstück – Gefüllte Matjes-Röllchen

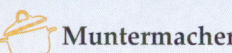 Muntermacher   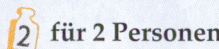 für 2 Personen   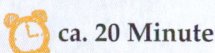 ca. 20 Minuten   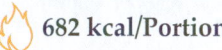 682 kcal/Portion    schnell

Zutaten:

1 Knoblauchzehe
1 rote Zwiebel
1 Bund Dill
1 Avocado
2 EL saure Sahne
2 EL Zitronensaft
4 Matjesfilets
Salz, Pfeffer

Zubereitung:

1. Den Knoblauch abziehen und zerdrücken. Die Zwiebel abziehen und in Ringe schneiden. Den Dill waschen, trocken schütteln und klein hacken. Aus der Avocado das Fruchtfleisch herauslösen und mit einer Gabel zerdrücken.

2. Das Avocado-Fruchtfleisch mit dem Knoblauch, dem Dill, der sauren Sahne und dem Zitronensaft vermengen. Mit Salz und Pfeffer abschmecken. Die Matjesfilets mit der Avocadocreme bestreichen, zusammenrollen und mit Zahnstochern fixieren. Mit den Zwiebelringen dekoriert servieren.

Mehr Tipps, damit der Kater sich verzieht ...

- Kaffee mit Zitrone trinken: Das hilft gegen die Kopfschmerzen und unterstützt die überlastete Leber beim Abbau des Alkohols.
- Viel trinken, am besten Mineralwasser oder Schorle: Alkohol entzieht dem Körper Wasser und dieser Flüssigkeitsverlust muss wieder ausgeglichen werden.

- Kühl duschen: Das bringt den Kreislauf in Schwung.
- An der frischen Luft spazieren gehen: Der Sauerstoffkick weckt die Lebensgeister.
- Salziges, Saures oder Scharfes essen, z. B. Matjes oder Rollmops: Das gleicht den Mineralhaushalt aus und fördert den Alkoholabbau.

Tomaten-Zwiebelsuppe

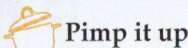 Pimp it up 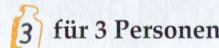 für 3 Personen 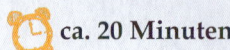 ca. 20 Minuten 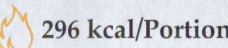 296 kcal/Portion  schnell

Zutaten:

1 Topf Oregano
150 g Kirschtomaten
1 Beutel Zwiebelsuppe
(Fertigprodukt)
6 Scheiben Baguette
50 g Ziegenfrischkäse
geschroteter Pfeffer
Zucker

Zubereitung:

1. Den Oregano waschen, trocken schütteln und die Blättchen von den Stielen zupfen. Die Tomaten waschen und je nach Größe halbieren oder vierteln.

2. 750 ml Wasser in einem Topf aufkochen und den Beutelinhalt der Zwiebelsuppe hineinrühren. Die Suppe bei schwacher Hitze 5 Minuten kochen lassen.

3. Inzwischen die Baguettescheiben toasten und mit Ziegenfrischkäse bestreichen. Mit etwas geschrotetem Pfeffer und einigen Blättchen Oregano bestreuen.

4. Die Tomaten und den restlichen Oregano in die Suppe geben und heiß werden lassen. Mit etwas Zucker abschmecken und mit den Ziegenkäse-Baguettes servieren.

Oh, là, là ... très français ...

Waldpilz-Suppe

mit Brezelchips

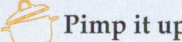 Pimp it up   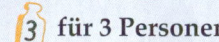 für 3 Personen    ca. 25 Minuten   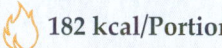 182 kcal/Portion    schnell

Garantiert ungiftig!

Zutaten:

50 g Laugenbrezel
1 EL Keimöl
2 Beutel Waldpilz-Suppe
(Fertigprodukt)
60 g frischer Meerrettich
4 TL Crème fraîche
Paprikapulver edelsüß
Schnittlauch

Zubereitung:

1. Die Laugenbrezel in feine Scheiben schneiden. Das Öl in einer beschichteten Pfanne erhitzen und die Brezelscheiben darin knusprig braun anbraten. Den Inhalt beider Beutel Waldpilz-Suppe mit einem Schneebesen in 1 l kaltes Wasser einrühren und unter Rühren aufkochen. Bei schwacher Hitze 6–7 Minuten kochen lassen und ab und zu umrühren.

2. Den Meerrettich schälen und die Hälfte davon fein reiben. Den restlichen Meerrettich grob raspeln. Den geriebenen Meerrettich in die Suppe rühren und mit Paprikapulver abschmecken.

3. Die Suppe in Tellern anrichten, je 1 Teelöffel Crème fraîche dazugeben und mit der Löffelspitze spiralförmig verteilen. Die Suppe mit den Brezelscheiben, den Meerrettichraspeln und dem Schnittlauch bestreuen.

Verschiedene
Kartoffel-Tapas

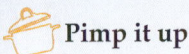 Pimp it up   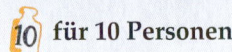 für 10 Personen   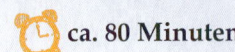 ca. 80 Minuten   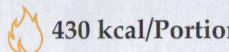 430 kcal/Portion   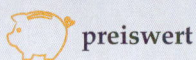 preiswert

Zutaten:

Für die Miniknödel in Tomatensoße:
1 Zwiebel
1 Knoblauchzehe
1 EL Olivenöl
1 EL Zucker
800 g stückige Tomaten
  (aus der Dose)
1 Packung Mini-Kartoffel-
  Knödel
nach Belieben Chiliflocken
Cumin
Salz, Pfeffer

Für das Kartoffelpüree mit Gemüse:
1 kleine Zucchini
1 Aubergine
5 getrocknete Tomaten
½ Bund Thymian
2 EL Olivenöl
1 Beutel Kartoffelpüree

Für die frittierten Kartoffelbällchen:
je ½ Bund Estragon, Basili-
  kum und Petersilie
1 Knoblauchzehe

1 unbehandelte Zitrone
1 Sardelle
1 EL Kapern
7 EL Olivenöl
2 Eier
6 EL Mehl
1 EL Backpulver
1 Packung Kartoffelpuffer-Teig
Öl zum Frittieren

Für die Knödel in Serrano-Schinken:
1 Packung Kartoffel-Knödel
200 g Serrano-Schinken
2 EL Olivenöl

Zubereitung:

1. Für die **Miniknödel in Tomatensoße** die Zwiebel und den Knoblauch abziehen und fein würfeln. Das Öl in einem Topf erhitzen, die Zwiebel- und Knoblauchwürfel darin andünsten, den Zucker zugeben und karamellisieren lassen. Die Tomaten in den Topf geben, mit Salz, Pfeffer, Cumin und Chili würzen. Die Knödel dazugeben und etwa 10 Minuten bei kleiner Hitze köcheln lassen.

2. Für das **Kartoffelpüree mit Gemüse** die Zucchini und die Aubergine abspülen und in kleine Würfel schneiden. Die Tomaten fein würfeln. Den Thymian hacken, das Olivenöl in einer Pfanne erhitzen und die Gemüsewürfel darin scharf anbraten. Den Thymian dazugeben und mit Salz und Pfeffer würzen. Das Kartoffelpüree nach Packungsanleitung zubereiten und die Gemüsewürfel unterheben.

3. Für die **frittierten Kartoffelbällchen** die Kräuter abspülen und grob hacken. Den Knoblauch abziehen und klein schneiden. Die Zitrone heiß abspülen, trocken reiben, 1 Teelöffel Schale fein abreiben und 2–3 Esslöffel Saft auspressen.

Die Kräuter, die Sardelle, die Zitronenschale und den Zitronensaft sowie den Knoblauch und die Kapern in einen hohen Becher geben, 6 Esslöffel Olivenöl zugeben, alles fein pürieren und mit Salz und Pfeffer abschmecken.

4. Die Eier in einer Schale mit 450 ml Wasser, dem Mehl und dem Backpulver verquirlen. Den Kartoffelpuffer-Teig unterrühren, mit Salz und Pfeffer würzen und 10 Minuten quellen lassen. Das Frittieröl in einem Topf erhitzen, aus dem Teig mit 2 Esslöffeln Nocken abstechen und diese im heißen Öl goldbraun frittieren. Auf Küchenpapier abtropfen lassen.

5. Für die **Knödel in Serranoschinken** die Kartoffelknödel nach Packungsanleitung kochen, abkühlen lassen und in Scheiben schneiden. Den Schinken in Streifen schneiden und die Scheiben darin einwickeln. 2 Esslöffel Olivenöl in einer Pfanne erhitzen und die Knödelscheiben darin kross braten.

6. Die Tapas in Schalen anrichten und mit Brot und Oliven servieren.

Knödel in
Serrano-Schinken

Miniknödel in
Tomatensoße

frittierte
Kartoffelbällchen

Kartoffelpüree
mit Gemüse

Hähnchen-Schnitte

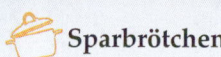 Sparbrötchen   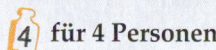 für 4 Personen    ca. 25 Minuten   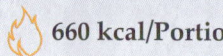 660 kcal/Portion    preiswert

Zutaten:

2 Frühlingszwiebeln
je ½ gelbe und grüne
  Paprikaschote
200 g Hähnchenbrust
1 EL Öl
4 Scheiben Steinofenbrot
2 TL Mango-Chutney
4 Käsescheiben
Currypulver
Salz, Pfeffer

Zubereitung:

1. Die Frühlingszwiebeln putzen, waschen und in feine Ringe schneiden. Die Paprika putzen, waschen und längs in Streifen schneiden.

2. Die Hähnchenbrust waschen, mit Küchenkrepp trocken tupfen und der Länge nach in Streifen schneiden. Mit Salz, Pfeffer und Currypulver würzen und in dem erhitzten Öl goldbraun braten.

3. Die Brotscheiben mit dem Mango-Chutney bestreichen. Die Käsescheiben der Länge nach aufrollen und mit Zwiebelringen, Paprika- und Hähnchenstreifen dekorativ auf den Brotscheiben anrichten.

pro Portion ca. 1,50 €

72

Leckere Spar-Varianten

Sprossen-Schnitte

Zutaten:
für 2 Personen | 392 kcal/Portion

½ Beet Kresse, 50 g Quark
½ TL mittelscharfer Senf
2 Scheiben Schwarzbrot
½ kleine Kohlrabi, 4 Käsescheiben
25 g rote Sprossen
Cayennepfeffer, Salz, Pfeffer

1. Die Kresse vom Beet schneiden und mit dem Quark, dem Senf, Salz und Pfeffer verrühren. Die Brotscheiben damit bestreichen.

2. Die Kohlrabi schälen, in dünne Stifte schneiden und mit den Käsescheiben und den Sprossen dekorativ auf der Creme anrichten. Mit Cayennepfeffer bestreuen.

pro Portion ca. 1,00 €

Süße Schnitte

Zutaten:
für 2 Personen | 791 kcal/Portion

100 g Quark, ½ TL Vanillezucker
20 g gehackte Walnüsse
10 g Rucola, 1 roter Apfel
1 EL brauner Zucker
2 große Scheiben Nussbrot
4 Käsescheiben
Zimt, Salz, Pfeffer

1. Den Quark mit dem Vanillezucker und zwei Dritteln der Walnüsse verrühren. Den Rucola waschen, fein hacken und unter die Creme mischen. Mit Salz und Pfeffer abschmecken.

2. Den Apfel waschen, vierteln, entkernen und in schmale Spalten schneiden. Den Zucker in einer Pfanne schmelzen, die Apfelspalten hinzufügen, karamellisieren und mit Zimt bestäuben.

3. Die Brotscheiben mit der Quarkcreme bestreichen, die Käsescheiben und Apfelspalten darauf anrichten und mit den Walnüssen bestreuen.

pro Portion ca. 1,00 €

Geröstete Rührei-Brote

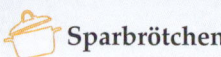 Sparbrötchen   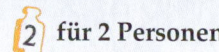 für 2 Personen   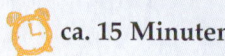 ca. 15 Minuten   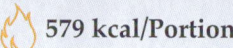 579 kcal/Portion    preiswert

Zutaten:

Für die Brote:

8 Weißbrotscheiben
2 EL Olivenöl

Für die Rühreier:

4 Eier
20 g Butter
Salz, Pfeffer

Zubereitung:

1. Den Backofen auf 220 °C vorheizen. Die Brotscheiben auf einem Backblech verteilen und mit dem Öl bepinseln. Ca. 5 Minuten auf der mittleren Schiene im Backofen goldbraun rösten.

2. Die Eier aufschlagen und in einer Schüssel gut verrühren. Mit Salz und Pfeffer würzen. Die Butter erhitzen und die Eier darin stocken lassen, dabei vom Pfannenrand zur Mitte hin ein wenig zusammenschieben. Auf den gerösteten Brotscheiben servieren.

>> Das Rührei ...

… ist häufig der „Retter in der Not": schnell zubereitet, macht satt und ist supergünstig. Ob warm oder kalt, Rührei ist der Renner. Natürlich kann man Rührei genauso gut auch zu anderen Brotsorten, Brötchen oder mit Kartoffeln essen. Mit Salzkartoffeln und Salat hat man im Handumdrehen eine komplette Mahlzeit.

pro Portion ca. 0,70 €

Rührei-Brot-Varianten

Vegetarisches Rührei

Zutaten:
für 2 Personen I 700 kcal/Portion

1 große Tomate
2 Eier
2 EL süße Sahne
20 g Butter
8 geröstete Brotscheiben
gehacktes Basilikum
Salz, Pfeffer

1. Die Tomate waschen, vierteln, entkernen und in kleine Würfel schneiden.

2. Die Eier aufschlagen und gut mit der Sahne verrühren. Mit Salz und Pfeffer würzen.

3. Die Butter in einer Pfanne erhitzen, die Eier-Sahne darin stocken lassen und dabei vom Pfannenrand zur Mitte hin ein wenig zusammenschieben.

4. Das Rührei auf die gerösteten Brotscheiben verteilen und mit den Tomatenwürfeln und dem Basilikum bestreut servieren.

> pro Portion ca. 0,70 €

Champignon-Rührei

Zutaten:
für 2 Personen I 730 kcal/Portion

50 g Champignons
1 kleine Zwiebel
2 Eier
2 EL süße Sahne
20 g Butter
8 geröstete Brotscheiben
Schnittlauchröllchen
Salz, Pfeffer

1. Die Champignons putzen, die Stielenden abschneiden und die Köpfe in mundgerechte Stücke schneiden. Die Zwiebel abziehen und in kleine Würfel schneiden.

2. Die Eier aufschlagen und gut mit der Sahne verrühren. Mit Salz und Pfeffer würzen.

3. Die Butter in einer Pfanne erhitzen und die Zwiebelwürfel und die Pilzstücke darin andünsten. Die Eier-Sahne dazugießen, stocken lassen und dabei vom Pfannenrand zur Mitte hin ein wenig zusammenschieben.

4. Das Champignon-Rührei auf die gerösteten Brotscheiben verteilen und mit Schnittlauchröllchen bestreut servieren.

> pro Portion ca. 0,70 €

Räucherlachs-Rührei

Zutaten:
für 2 Personen I 774 kcal/Portion

2 Frühlingszwiebeln
3 Scheiben Räucherlachs
2 Eier
2 EL süße Sahne
8 geröstete Brotscheiben
gehackter Dill
Salz, Pfeffer

1. Die Frühlingszwiebeln putzen, waschen und in feine Ringe schneiden. Von den Lachsscheiben 2 in Streifen und 1 in kleine Würfel schneiden.

2. Die Eier aufschlagen und gut mit der Sahne verrühren. Mit Salz und Pfeffer abschmecken und die Lachsstreifen unterrühren.

3. Die Butter in einer Pfanne erhitzen und die Frühlingszwiebelringe darin andünsten. Die Eier-Sahne dazugießen, stocken lassen und dabei vom Pfannenrand zur Mitte hin ein wenig zusammenschieben.

4. Das Räucherlachs-Rührei auf die gerösteten Brotscheiben verteilen. Mit Dill und den Lachswürfeln bestreut servieren.

> pro Portion ca. 1,50 €

1-2-3-Grießbrei

 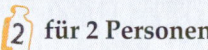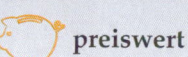

ÜBRIGENS
Dazu passen frische Früchte oder Kompott.

pro Portion ca. 0,50 €

Zutaten:

500 ml Milch
1 Prise Salz
60 g Weichweizengrieß
50 g Zucker
1 Päckchen Vanillezucker
15 g Butter
etwas Zimt und Zucker

Zubereitung:

1. Die Milch mit dem Salz in einem Topf erwärmen. Den Grieß nach und nach hinzufügen und mit dem Schneebesen gut verrühren.

2. Den Brei so lange kochen und dabei ständig rühren, bis der Grieß komplett aufgequollen ist. Zucker und Vanillezucker hinzufügen und zum Schluss die Butter unterrühren.

3. Zimt und Zucker miteinander vermischen und vor dem Servieren über den Grießbrei streuen.

>> Welche Früchte eignen sich?

Für ein Kompott eignen sich im Prinzip alle Früchte. Durch den hohen Zucker- oder Säuregehalt enthalten sie natürliche Konservierungsstoffe. Die beliebtesten Obstsorten für Kompott sind Äpfel, Birnen, Kirschen oder Pflaumen. Auch tiefgefrorene oder getrocknete Früchte lassen sich zu einem Kompott verarbeiten.

Arme Ritter mit Apfelkompott

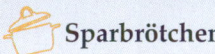 Sparbrötchen 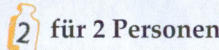 für 2 Personen 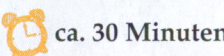 ca. 30 Minuten 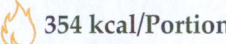 354 kcal/Portion  preiswert

Zutaten:

2 altbackene Brötchen oder
  4 getoastete Toastscheiben
2 Eier
200 ml Milch
30 g Zucker
15 g Butter
etwas Zimt und Zucker

Zubereitung:

1. Die Brötchen der Länge nach in der Mitte auseinanderschneiden und in einer flachen Form nebeneinanderlegen.

2. Die Eier aufschlagen und mit der Milch, dem Zucker und etwas Zimt verrühren. Die Milch zu den Brötchen in die Form gießen. Die Brötchen nach etwa 3 Minuten einmal wenden und nach weiteren 3 Minuten herausnehmen.

3. Die Butter in einer Pfanne erhitzen und die Brötchen darin von beiden Seiten schön knusprig goldbraun braten. Den Zimt und den Zucker miteinander vermischen und vor dem Servieren über die Armen Ritter streuen.

pro Portion ca. 0,60 €

ÜBRIGENS
Dazu schmeckt auch Pflaumenkompott oder Ahornsirup.

>> Apfelkompott

500 g Äpfel schälen, das Kerngehäuse entfernen und die Äpfel in kleine Stücke schneiden. In einen Kochtopf geben und mit etwa 5 Esslöffeln Wasser bedecken, 80 g Zucker und 1 Teelöffel Zitronensaft hinzufügen. Den Deckel darauflegen und die Äpfel kurz zum Kochen bringen. Bei geringer Hitze ohne Deckel ca. 10 Minuten weich kochen. Mit einer Prise Zimt würzen und abkühlen lassen.

Spartipps für Abgebrannte

Im **Supermarkt**

- So viel wie möglich beim **Discounter** kaufen und nur Produkte, die man dort nicht bekommt, im normalen Super- oder auf dem Wochenmarkt besorgen.

- **Sich bücken** spart Geld! Produkte, die im Supermarkt auf Augenhöhe einsortiert sind, sind im Regelfall die teuersten – ein beliebter Verkaufstrick, weil der Mensch sich nun mal nicht gerne bückt. In den unteren Regalen auf Kniehöhe findet man normalerweise die günstigeren und meist gleichwertigen Artikel.

- Achtung Falle: Hinter den Sonderangeboten verstecken sich oft Markenprodukte, die immer noch überteuert sind. Fast immer bekommt man in den Supermärkten gleichwertige **No-Name-Produkte**, die noch günstiger sind als die ausgeschriebenen Sonderangebote. Oft ist in einem No-Name-Produkt sogar genau das Gleiche drin wie im vergleichbaren Markenprodukt, weil es von der gleichen Firma stammt.

- Möglichst **keine Fertiggerichte** kaufen, die sind meistens total überteuert. Ist auch besser für die Gesundheit!

- Immer **mit Einkaufskorb** oder -tasche einkaufen gehen. Das Geld für Plastiktüten, die man im Supermarkt an der Kasse bekommt, kann man sich sparen und gleichzeitig die Umwelt schonen.

- **Nicht so viel Wurst, Fisch und Fleisch** kaufen, die gehen immer ins Geld. Fleisch und Fisch aus dem Gefrierfach sind übrigens meistens billiger und oft sogar frischer als von der Supermarkt-theke oder vom Metzger.

- **Niemals ohne Einkaufszettel** oder mit leerem Magen einkaufen gehen. Sonst packt man jede Menge Spontaneinkäufe ein, die man eigentlich gar nicht braucht.

- Möglichst **Obst und Gemüse der Saison einkaufen**. Außerhalb der Saison sind sie teurer, weil sie extra aus fernen Ländern angekarrt oder in Gewächshäusern gezüchtet werden müssen. Produkte aus der eigenen Region sind nochmal günstiger.

- **Rabatt-Aktionen** nutzen. In manchen Geschäften erhält man eine Stempelkarte, auf der jeder Einkauf abgestempelt wird. Ist die Karte voll, bekommt man entweder ein Lebensmittel gratis oder einen Rabatt auf den Einkauf.

Schon wieder ist es so weit – aus die Maus! Am Ende des Monats muss das arme Sparschwein dran glauben, weil Ebbe in der Kasse ist.

Damit am Ende vom Geld nicht noch so viel Monat übrig ist, VORHER den einen oder anderen Rat befolgen!

- Lebensmittel mit abgelaufenem Haltbarkeitsdatum kosten nur die Hälfte oder noch weniger. Es lohnt sich, hier zuzugreifen, wenn man es gleich verzehren will, denn das Datum gibt nur an, wie lange das Lebensmittel mindestens haltbar ist. In der Regel ist es aber auch darüber hinaus noch genießbar. Bitte nicht mit dem Verfallsdatum verwechseln: Dieses gibt bei leicht verderblichen Lebensmitteln, wie Fisch oder Fleisch tatsächlich an, ab wann sie nicht mehr verzehrt werden dürfen.

Zu Hause

- Den „eisernen Vorrat" immer im Auge behalten und die Lebensmittel immer rechtzeitig verarbeiten, bevor sie verderben.

- Wenn man ein Haushaltsbuch führt, hat man einen viel genaueren Überblick über seine Ausgaben und erkennt schnell, bei welchen Posten man vielleicht noch sparen könnte.

- Übrig gebliebenes Essen vom Vortag nicht wegwerfen, sondern entweder am nächsten Tag nochmal essen oder – wenn möglich – einfrieren.

- Kräuter lassen sich ganz einfach in Blumentöpfen auf der Fensterbank oder dem Balkon züchten. Die Samen dafür sind viel günstiger als fertige Kräutertöpfe, Kräuter aus dem Gefrierfach oder Streuer.

- Darauf achten, dass der Topf die gleiche Größe hat wie die Kochfläche. Ist der Topf kleiner, dann geht viel Energie verloren.

- Kurz vor Ende des Kochvorgangs die Herdplatte ausschalten, um die Restwärme zu nutzen.

Beim Bäcker

- Ware vom Vortag kaufen. Die ist im Normalfall immer noch absolut genießbar und kostet oft nur halb so viel wie frische Backwaren.

- Die meisten Bäckereien verkaufen Brötchen günstiger, wenn man sie in größerer Stückzahl kauft. Wenn man die nicht alle gleich aufbrauchen kann, einfach einfrieren und bei Bedarf aufbacken.

Getränke

- Leitungswasser statt teurem Mineral- oder stillem Wasser aus dem Supermarkt trinken. Und die lästige Schlepperei spart man sich so auch.

- Zu Hause den Kaffee oder Tee machen, in eine Thermoskanne abfüllen und zur Uni mitnehmen. So braucht man den ganzen Tag über keine Getränke zu kaufen.

Register

1-2-3-Grießbrei 76

Apfelkompott mit Heidelbeeren und Streuseln 56
Apfel-Kürbis-Suppe 24
Apfel-Nuss-Honig-Stange 19
Arme Ritter mit Apfelkompott 77
Asiatische Kokossuppe mit Hähnchen 51

Backkartoffeln 47
Balsamico-Dressing 27
Blumenkohl-Curry-Suppe mit Garnelen 23
Bolognese Bianco 39

Campari-Creme mit Beerenmix 62
Cannelloni mit Spinat-Ricotta-Füllung 41
Champignon-Rührei 75
Chili-Popcorn 49
Cocktail-Dressing 27
Cuba Libre 65

Erdnuss-Kugeln 49

Frikadellen mit Karotten-Kohlrabi-Gemüse 30
Frischkäse-Lachs-Stange 19
Frittierte Kartoffelbällchen 70

Gefüllte Matjes-Röllchen 67
Gefüllte Pizzataschen 53
Geröstete Rührei-Brote 74
Grund-Dressing 27
Guten-Morgen-Müsli 10

Hähnchen-Schnitte 72
Heidelbeer-Smoothie 13
Herzhafte Ofenkartoffeln 46
Honig-Senf-Dressing 26
Hühnerfrikassee mit Erbsen und Karotten 32
Hühnersuppe 66

Involtini in Marsalasoße 60

Joghurt-Dressing 27

Kaiserschmarrn mit Kirschen 55
Kartoffelpüree mit Gemüse 70
Kartoffelsalat 47
Käse-Tomaten-Stange 19
Kiwi-Apfel-Brötchen 15
Kiwi-Melonen-Smoothie 12
Knödel in Serrano-Schinken 70
Kornstangen 18

Linsensuppe mit Kokos und Chili 25

Mango-Brezel 16
Mango-Joghurt-Smoothie 13
Melonen-Smoothie 12
Miniknödel in Tomaten-soße 70
Mojito 65
Mortadella-Stangen 14
Mozzarella-Brötchen 17

Nuss-Cantuccini 48

Obstsalat mit Prosecco-Gelee 63

Paprika-Ei-Stange 19
Pasta mit Basilikumpesto 40
Penne mit Linsen 43
Pfannkuchen mit diversen Füllungen 58
Pikante Schweinsohren 20
Pizza Quattro Stagioni 52
Power-Müsli 11
Puten-Brötchen 14

Räucherlachs-Rührei 75
Reibekuchen mit Apfel-Birnen-Kompott 57
Rindfleisch aus dem Wok 50
Roastbeef-Sandwich 17
Rohkostsalat 28

Salami-Käse-Bagel 16
Scharfer Reissalat 29
Schinken-Brötchen 15
Schnitzel mit Kroketten und Bohnen 36
Schoko-Chili-Kekse mit Pekannüssen 59
Spaghetti Bolognese 38
Speck-Hörnchen 21
Sprossen-Schnitte 73
Strammer Max 35
Strawberry Colada 64
Süße Schnitte 73
Süßkartoffelsuppe 22
Swimming Pool 65

Tequila Sunrise 65
Tiramisu Originale 54
Toast Hawaii 34
Tomaten-Zwiebelsuppe 68

Vegetarisches Chili 42
Vegetarisches Rührei 75
Veggie-Döner 44

Waldpilz-Suppe mit Brezelchips 69
Wein-Creme-Suppe 61
Wraps aus dem Ofen 45

© 2016 design cat GmbH

Genehmigte Lizenzausgabe
EDITION XXL GmbH
Industriestraße 19
64407 Fränkisch-Crumbach 2016
www.edition-xxl.de

Idee und Projektleitung: Sonja Sammüller
Layout, Satz und Umschlaggestaltung:
design cat GmbH

ISBN 978-3-89736-822-4

Bildnachweis
Wir danken folgenden Firmen für ihre freundliche Unterstützung:
Aurora 18
MPR Dr. Muth Public Relations GmbH, Hamburg
– USA Peanuts 49
The Food Professionals Köhnen AG, Sprockhövel
– Leerdammer 72, 73
– Ostmann 57
Unilever Deutschland GmbH, Hamburg
– Becel 22, 45, 47
– Bertolli 41
– Du darfst 55
– Knorr 20, 25, 28, 29, 38, 42, 43, 44, 50, 68, 69
– Lätta 17, 59
– Mondamin 23, 51, 52, 58, 60
– Pfanni 30–31, 36–37, 61, 70–71
– Rezept und Bild 63
– Rama 14, 15, 16, 17, 24, 46, 62
– Rama Cremefine 39, 47, 54, 64
– Sanella 21, 48, 53, 56

Shutterstock: 5 second Studio 10; Africa Studio 79; Anastacia Tkachenko 66; benik.at 64; CandyBox Images 5; chrisbrignell 76; CGissemann 77; da_o 68; Damian Palus 9; Daniele Carotenuto 9; Didecs 7; Eugene Onischenko 33; Evgeny Karandaev 9; g-stockstudio 4; Gergely Zsolnai 65; gresei 65; HandmadePictures 34, 76; Hein Nouwens 37, 58; In Green 78; istetiana 26; iuliia_n 13; jacglad 9; Jack Jelly 40; Kues 11; Larysa Ray 43, 63; Lecic 12; Le Do 34; Malochka Mikalai 62; Manuel Ploetz 8; Maren Winter 35; Minerva Studio 6; Monkey Business Images Cover front; Moravska 11; N.Minton 9; Natalia Klenova 19; Natasha Breen 10; norph 23, 25, 51, 61, 66, 69; Stepanek Photography 74; StepStock 9; stockphoto-graf 65; Syda Productions 30; Robyn Mackenzie 27; Ruslan Mitin 67; terekhov igor 9; Tina Bour 12; topnatthapon 13; tsirik 20; VGstockstudio 37; vnlit 9; You Touch Pix of EuToch 9

Alle weiteren Fotos: design cat GmbH